L'ingénieur contemporain, le philosophe et le scientifique

Collection « À présent »
dirigée par
François-David Sebbah

Collection soutenue
par la plateforme « Philosophies et technique »
de l'EA Costech
de l'Université de Technologie de Compiègne

Maquette de couverture : Michel Denis

© Éditions Les Belles Lettres, 2013
Collection « encre marine »
ISBN : 978-2-35088-065-5

Hugues Choplin

L'ingénieur contemporain, le philosophe et le scientifique

encre marine

*Plusieurs collègues de l'Université de Technologie de Compiègne
(UTC) ont accompagné et soutenu
le déploiement de cette recherche sur l'ingénieur :
Bruno Bachimont, Isabelle Cailleau, Jean-Pierre Caliste,
Frédéric Huet, Claude Moreau, François-David Sebbah.*

*Cette recherche a été nourrie par nos rencontres, depuis 2005,
avec différents acteurs d'entreprises.
Elle l'a été également par nos échanges et nos débats
avec les étudiants de l'UTC (des cours PH02, ASP05, CP15 et AS01).*

*Merci aux acteurs du groupe de recherche CRI
(Coopération, Risque, Innovation) de l'unité Costech (UTC),
et en particulier à Pascal Jollivet et à Michaël Vicente.*

À Louise, Sarah et Karine

À Eddie Soulier

Sommaire

L'ingénieur contemporain
et la figure du mouvement

CARACTÉRISER *l'ingénieur contemporain* suppose de forger et de déployer cette manière singulière de penser qu'est la *figure du mouvement* : telle est la thèse que cet ouvrage propose de construire.

1. Comment rendre compte, d'un point de vue *épisté-mologique*, de l'ingénieur et, plus encore, de l'ingénieur *contemporain* ? Que l'ingénieur soit porteur d'une *posture spécifique* – irréductible, en particulier, à celle du scientifique ou du *scientifique appliqué* –, voilà une analyse qui est développée par plusieurs auteurs. Antoine Picon, Hélène Vérin ou encore Jean-Louis Le Moigne décrivent ainsi la rationalité ou l'intelligence

technique propre à l'activité de l'ingénieur[1]. Mais comment donc prendre la mesure de cette rationalité ou intelligence spécifique ? On sait en effet combien la catégorie d'ingénieur est porteuse d'hétérogénéité (que cette hétérogénéité concerne les travaux que les ingénieurs accomplissent concrètement ou leurs trajectoires personnelles et professionnelles). Dès lors, chercher à appréhender *la* posture de l'ingénieur – et celle de l'ingénieur contemporain –, n'est-ce pas risquer de méconnaître la diversité des réalités qui sont celles *des* ingénieurs ?

Formés à l'école de « déconstructeurs » de *la* philosophie (Heidegger, Derrida, François Laruelle) qui se sont attachés à identifier les *invariants spécifiques* du philosopher comme tel, nous assumons dans cet ouvrage la recherche des invariants spécifiques caractérisant *l'*ingénieur et *l'*ingénieur contemporain. Deux choix principaux déterminent la manière dont nous entendons affronter les difficultés attachées à cette recherche.

2. Considérer l'ingénieur sous l'angle de la *problématisation* qu'il opère : tel est notre premier choix. Comme le montre la recherche d'Anne-Françoise Schmid, se positionner ainsi du côté de la problématisation permet en effet, *a priori*, de soustraire l'analyse épistémologique de l'ingénieur au primat du *scientifique* (ou des catégories

1. Cf. Picon, 1992 ; Vérin, 1993 ; Le Moigne, « Les paradoxes de l'ingénieur », in *Culture Technique*, 1984.

utilisées pour le décrire)[1]. Plus encore : prendre la mesure de la problématisation – ou de la *construction de choix* – à l'œuvre dans la *conception*, par l'ingénieur, *d'un dispositif technique* conduit à requérir une première figure de pensée : la figure de la *situation*. Tranchant sur la figure, sans doute dominante, de la *substance*, cette figure de pensée rend en effet possible la caractérisation de *l'enquête* de l'ingénieur (l'enquête étant ici entendue au sens que lui donne la philosophie pragmatiste de Dewey) ; tout particulièrement, elle permet de décrire la manière dont, loin d'être seulement déterminée par des facteurs ou des structures – des *substances* – préalables (comme, par exemple, la demande initiale d'un client), cette enquête, *ingénieuse*, se constitue irréductiblement *en* situation (de conception) (cf. chapitre 1).

Ainsi l'examen *épistémologique* de l'ingénieur exige-t-il un geste de type *philosophique*, requérant la mobilisation d'une figure – ou d'un mode – spécifique de pensée (la situation). Ce geste permet également d'expliciter la distinction de l'ingénieur et du scientifique (appliquée ou non). En effet, si la problématisation de ce dernier relève, d'abord, de ce que nous désignerons comme un *résoudre* – déterminé par une structure extérieure (qu'il s'agisse d'une méthode ou d'un paradigme), c'est-à-dire par une *substance* –, celle de l'ingénieur engage, en premier lieu, un *enquêter en situation*, irréductible à

1. Cf. Schmid, 1998.

l'*application* de savoirs (ou de substances) scientifiques déjà là.

Dans quelle mesure cette analyse rend-elle justice à la *diversité* des pratiques d'ingénieur ? *Contrôler* des dispositifs techniques ou bien encore les concevoir *en* situation : ce sera d'abord aux lecteurs, et notamment aux ingénieurs qui nous liront, d'estimer si notre approche des fonctions et de la posture de l'ingénieur respecte suffisamment cette diversité. De notre point de vue, celle-ci est indiquée tout particulièrement par les trois dimensions ici proposées pour qualifier la conception ou l'enquête en situation de l'ingénieur : la *construction de choix*, le *bricolage de l'hétérogène* et la *modélisation*.

3. Ancrer cette recherche dans l'étude de cas d'organisations *contemporaines* : tel est notre second choix, de type *sociologique.* Nous touchons ici au troisième niveau spécifique d'analyse convoqué dans cet ouvrage : l'examen de la posture de l'ingénieur (contemporain ou non – niveau *épistémologique*) et la définition associée de trois figures de pensée (substance, situation, mouvement – niveau de type *philosophique*) s'appuient très significativement, dans cette recherche, sur l'étude de trois cas (niveau de type[1] *sociologique*).

---

1. Nous précisons « *de type* sociologique » et « *de type* philosophique » car, comme nous le verrons, nos études de cas et notre définition de figures de pensée n'obéissent pas strictement (ou seulement) aux exigences (respectivement) sociologiques ou philosophiques.

Proposée dans le chapitre 2 – chapitre central, à tous égards, de cet ouvrage –, cette étude de cas met en évidence à la fois le « *chaos* » ou le « *tourbillon* » qui peut agiter les organisations *contemporaines*, et les *épreuves* qu'ils imposent à ses acteurs (ingénieurs ou non). Elle conduit à marquer *l'insuffisance – du point de vue de la compréhension du contemporain – de la figure de la situation* et la nécessité, dès lors, d'élaborer une autre figure de pensée : celle du *mouvement*. Ainsi, c'est depuis l'étude de réalités contemporaines, engageant différents secteurs et différents types d'ingénieurs, que nous faisons valoir – pour comprendre ces réalités – les trois concepts philosophiques constitutifs de cette figure du mouvement : l'*événement* (Alain Badiou), l'*agencement* (Deleuze) et le *devenir* (Bergson) (cf. chapitre 2).

Cette figure du mouvement élaborée – au-delà des sciences de l'homme mais avec l'aide de certains sociologues (Bruno Latour, Philippe Zarifian) –, il est possible de questionner l'ingénieur spécifiquement *contemporain*. Nous considérerons que son mode de problématisation procède d'une *réponse collective au* et *dans* le mouvement. Réponse collective : ce concept permet d'élargir notre compréhension de l'*innovation* contemporaine au-delà des thématiques du collectif innovant (figure de la substance) ou même de l'*action* collective innovante (figure de la situation). De surcroît – et aussi surprenant que cela puisse paraître de prime abord –, dans la mesure où ce répondre innovant *renouvelle l'espace des possibles* de la conception, l'ingénieur contemporain nous semble pouvoir être significativement rapproché du *philosophe* (cf. chapitre 3).

4. Combinant trois niveaux d'analyse – sociologique, épistémologique et philosophique –, cette recherche s'attache donc à articuler *trois acteurs* – l'ingénieur (contemporain ou non), le scientifique et le philosophe – et *trois figures de pensée*. Résumons cette articulation : si l'*enquêter* de l'ingénieur (figure de la situation) se distingue du *résoudre* du scientifique (figure de la substance), le *répondre* semble concerner aussi bien l'ingénieur spécifiquement *contemporain* que le philosophe (figure du mouvement) (cf. tableau 1).

	figure de la substance	figure de la situation (chapitre 1)	figure du **mouvement** (chapitre 2)
problématiser	résoudre	enquêter	répondre
acteurs	scientifique	ingénieur	**ingénieur contemporain** (chapitre 3)

Tableau 1. L'organisation de notre recherche[1]

Forger la figure du mouvement ne légitime, finalement, pas seulement l'identification de la spécificité épistémologique de l'ingénieur contemporain. Car, indépendamment de la question de l'ingénieur, cette figure *ouvre les possibles de la pensée* au-delà de ceux dessinés par ces deux autres figures que sont la *substance* et la *situation*. Caractériser *l'*ingénieur contemporain, *ouvrir la pensée* : c'est probablement le trait distinctif de cet ouvrage – et des risques qu'il encourt – que de chercher à faire valoir ces deux exigences à la fois.

---

1. On pourra se demander quelles sont la nature et la légitimité du discours « méta » que cette recherche tient sur les trois figures de pensée identifiées. Si ce discours se soustrait nécessairement, en dernier ressort, à ces trois figures – dans le cas contraire, il ne serait pas en mesure de les confronter –, comment alors le situer ? Indiquons ici qu'il ne s'agit pas, pour nous, d'examiner ces trois figures depuis une autre figure qui les surplomberait. Il n'est pas sûr non plus que notre recherche obéisse à un nouveau mode de problématisation *philosophique*. Nous estimons bien plutôt que cette recherche, si elle se soustrait effectivement, en dernière analyse, aux trois figures de pensée ici distinguées, ne se déploie cependant nulle part ailleurs qu'*à même* ces figures, et en particulier qu'à même les deux figures *contemporaines* de la situation et du mouvement. C'est depuis ces figures – depuis l'espace de pensée qu'elles dessinent – que nous entendons annoncer la possibilité d'une autre pensée. Comme s'il s'agissait d'*ouvrir* l'espace de ces figures, comme si leur élaboration, tout au long de cet ouvrage, visait, finalement, à rendre possible cette ouverture – juste cette ouverture (laquelle ne saurait nous mener dans un autre espace). C'est en ce sens, d'abord, que cette recherche entend être *ouverte*.

Chapitre 1

Enquêter en situation – l'ingénieur et le scientifique

ARACTÉRISER, d'un point de vue épistémologique, la spécificité de l'ingénieur – et de la *conception* de *dispositifs techniques* – exige, d'abord, de requérir la figure de pensée de la *situation*, irréductible à la figure de la *substance*. Ce geste conduit à mobiliser la théorie de l'enquête de Dewey : concevoir – ou problématiser – signifie alors, pour l'ingénieur, *enquêter* en *situation* (cf. § 1). *Construire des choix, bricoler l'hétérogène, modéliser* : telles sont les trois dimensions que recouvre, selon nous, l'enquête de l'ingénieur (cf. § 2). Sur cette base, nous nous attachons à distinguer ce dernier et le *scientifique*, dont la problématisation paraît davantage procéder d'un *résoudre* (cf. § 3).

Introductif, ce premier chapitre amorce le déploiement des deux exigences directrices de cet ouvrage : l'exigence épistémologique, ciblée ici sur la posture de l'ingénieur en général, et l'exigence de type philosophique, ce premier chapitre se consacrant à la figure de la *situation*, de laquelle nous distinguerons celle du mouvement, plus adéquate à l'ingénieur *contemporain*.

1. L'ingénieur, enquêteur en situation

1.1. Concevoir et contrôler un dispositif technique

1. Que l'ingénieur demeure aujourd'hui une énigme, cela tient à plusieurs facteurs. Tout d'abord, l'épistémologie classique s'est essentiellement intéressée au scientifique, et plus précisément au scientifique exerçant en sciences physiques et en mécanique[1]. Elle a ainsi privilégié des concepts – paradigme (Kuhn), programme de recherche (Lakatos), falsification de la théorie par l'expérience (Popper) – destinés, prioritairement, à rendre compte de la dynamique de construction des savoirs en mécanique depuis Newton. Pertinents de ce point de vue, ces concepts s'avèrent en revanche inadéquats touchant l'*ingénieur* : en effet, dans ce

1. Cf. Schmid, 1998.

cadre épistémologique – configuré par la hiérarchie théorie/expérience –, celui-ci ne peut être, probablement, que considéré comme un *scientifique* (ou un théoricien) *appliqué*.

Deuxième facteur : jusqu'à une époque récente, la philosophie et les sciences de l'homme ont négligé le rôle constituant (ou constitutif) de la *technique* dans les activités humaines. Il n'est pas question ici de rendre compte de cet oubli de la technique et des propositions aujourd'hui formulées pour le lever. Mais il importe de souligner que cet oubli concerne nécessairement l'ingénieur dans la mesure où les fonctions principales de ce dernier consistent, comme nous le dirons, à concevoir et à contrôler des dispositifs *techniques*.

Troisième facteur enfin : il est probable que dans la société (du moins la société française), l'ingénieur comme tel ait le plus souvent été masqué par d'autres acteurs, plus visibles ou légitimes : le *militaire*, le *scientifique* ou le *manager*. Ces trois acteurs peuvent être rattachés aux trois époques que, sans être historien, nous proposerions volontiers de distinguer dans une première approche de l'*histoire de l'ingénieur français* depuis le XVIe siècle :

– jusqu'à 1794 (date de la création de l'école Polytechnique) : primat de l'ingénieur *militaire* ;

– ensuite : primat de l'ingénieur formé à partir des *sciences* et de leurs applications ;

– enfin, depuis 1990 (environ) : primat de l'ingénieur chef de projet ou *manager*[1].

2. Nous proposons d'amorcer le traitement de cette
énigme de l'ingénieur en caractérisant en ces termes ses
fonctions spécifiques : *concevoir et/ou contrôler un dispositif technique*. Explicitons cette formule.

Technique, tout d'abord, marque une opposition à la
théorie ou au savoir théorique. Que l'ingénieur conçoive
ou contrôle un dispositif *technique* signifie alors qu'il
déploie une intelligence ou une rationalité spécifique –
technique – qui ne saurait être réduite à une intelligence
théorique. De fait, même si la théorie n'est pas élaborée,
même si les savoirs scientifiques ou théoriques ne sont pas
disponibles, la technique fonctionne ou doit fonctionner.
Par exemple, au XVIIIᵉ siècle, le navire conçu/contrôlé doit
assurer une navigation efficace alors même que la science
ne dispose pas encore d'une « théorie générale du navire »[2].
Autrement dit, même si les *causes* scientifiques ne sont
pas explicitées, la technique doit produire ses *effets* – et les
produire d'une manière *programmée* et *invariante*, la technique relevant en ce sens d'une machine ou d'un *fonctionnement machinique* (qu'il s'agisse de celui d'un canon,
d'une machine à vapeur ou d'un logiciel)[3].

1. Touchant cette approche historique, cf. Vérin, 1993 ; Picon, 1992 ; Picon
et Yvon, 1989 ; Shinn, 1978 ; Bouffartigue, Gadéa, 1997.
2. Vérin, 1993, p. 357.
3. Cf. Bachimont, 2010.

Nous entendons le terme de *dispositif* selon une acception proche de celle de Foucault. En premier lieu, un dispositif conjugue de l'*hétérogène* : le concevoir (ou le contrôler) suppose de l'ingénieur qu'il soit en mesure d'articuler des ingrédients techniques, économiques et sociaux (nous y reviendrons). Ensuite, un dispositif entretient des *rapports de pouvoir* avec ses utilisateurs. De notre point de vue, c'est d'abord en ce sens que l'ingénieur est un homme de pouvoir : concevoir (ou contrôler) un dispositif le conduit à *prescrire des comportements* à ses utilisateurs – que ces utilisateurs soient les utilisateurs d'un « produit » final (un téléphone portable par exemple) ou, dans une usine, les opérateurs d'un dispositif de *production*. *Dispositif technique* : tel est donc, selon nous, l'objet spécifique de l'ingénieur – de sa *conception* et de son *contrôle*.

Conception : ce terme engage d'abord une idée de création ou d'innovation, l'ingénieur s'inscrivant de ce point de vue dans la tradition de l'architecture ou de l'*art*. Mais la conception de l'ingénieur se distingue de celle des artistes notamment parce qu'elle entretient « un rapport inédit à la connaissance »[1] : parce qu'elle fait valoir un *usage* des connaissances scientifiques[2]. Expliciter la teneur de cet usage – que l'on distinguera soigneusement d'une simple application – supposera de montrer combien la conception se fait *en situation* :

1. Le Masson et al., 2006, p. 93.
2. Cf. Perrin, 2001.

combien elle sollicite tout particulièrement l'intelligence en situation de l'ingénieur (et c'est pour cette raison que notre mobilisation, dans ce chapitre, de la figure de la situation concernera essentiellement la conception). Pour autant, il serait réducteur de considérer que la seule fonction de l'ingénieur est de *concevoir* un dispositif technique. Car, qu'il s'agisse des ingénieurs d'État des Mines au XIXe siècle[1] ou des ingénieurs qualité aujourd'hui : ces acteurs ont bien affaire à des dispositifs techniques sans avoir essentiellement à les concevoir ; leur fonction principale nous semble bien plutôt être, touchant ces dispositifs, de les *contrôler*. Fonction qui rapproche sans doute davantage l'ingénieur du *scientifique* (si l'on s'entend pour considérer que celui-ci a ceci de spécifique qu'il produit des connaissances de manière *contrôlée*).

Concevoir *et* contrôler[2] – un dispositif technique – :

1. Cf. Shinn, 1978 ; Thépot, « Les ingénieurs du Corps des mines », in *Culture Technique*, 1984.
2. Ces deux verbes recoupent dans une certaine mesure la distinction faite par Le Moigne entre des ingénieurs *concepteurs* et des ingénieurs (d'État) *normalisateurs* – ces deux types d'ingénieur étant de surcroît rattachés, par Le Moigne, à deux manières de se rapporter aux *problèmes*, consistant respectivement à les *poser* – c'est-à-dire à les *construire* – (conception) ou bien à les *résoudre* (normalisation). Cf. Le Moigne, « Les paradoxes de l'ingénieur », in *Culture Technique*, 1984. Ajoutons que notre analyse n'aurait pas été possible sans nos échanges avec les étudiants en *apprentissage* de l'UTC, qui ont attiré notre attention sur l'absence, dans certaines entreprises, de démarche réelle de *conception* dans des lieux de production (lieux en effet peut-être plus propices au déploiement d'une fonction de *contrôle* – même si, bien entendu, le dispositif technique de production a lui aussi, nécessairement, dû être conçu).

il nous semble que ces deux verbes – désignant deux fonctions *a priori* complémentaires et de nature à pouvoir se conjuguer (la conception doit être contrôlée, de même que le contrôle doit être conçu) – rendent compte d'une certaine diversité des pratiques d'ingénieur.

INGÉNIEUR OU MANAGER ?

Concevoir et contrôler un dispositif technique : cette formule ne saurait toutefois, naturellement, couvrir l'ensemble des missions que doit assumer aujourd'hui les ingénieurs. En particulier, elle semble évacuer le rôle d'encadrant ou de manager attaché, semble-t-il, à l'ingénieur (au moins depuis la révolution industrielle). Cf. Benguigui, Monjardet, « Le travail des ingénieurs », in *Culture Technique*, 1984. Rappelons toutefois que notre propos vise, sur un plan prioritairement *épistémologique*, à identifier la posture spécifique de problématisation de l'ingénieur : de ce point de vue, nous ne pouvons que mettre au second plan son rôle, incontestable, d'encadrement. Ne peut-on penser, de surcroît, que c'est précisément en identifiant cette posture que l'on comprendra la manière dont l'ingénieur exerce spécifiquement ce rôle ? Cf. Saglio, « Les ingénieurs sont-ils des patrons comme les autres ? », in *Culture Technique*, 1984. Peut-être estimera-t-on, plus radicalement, qu'aujourd'hui le primat du management éloigne significativement l'ingénieur de toute fonction technique. Cela signifie-t-il donc qu'une approche en termes de dispositifs techniques n'est plus pertinente ? Faudrait-il considérer que l'identité spécifique des ingénieurs tient désormais non plus à leur fonction (ou à leur posture) mais seulement à leur *formation* ou à leur *statut* ? Nous ne le pensons pas. De surcroît, l'évolution de l'ingénieur vers le rôle de *manager* n'est pas le seul scénario aujourd'hui envisageable. L'avenir pourrait aussi conduire à le rapprocher du *scientifique* – et de la *recherche technologique* – ou bien de l'*artiste* – et de l'*innovation*.

1. Un quatrième facteur explique probablement les difficultés pour lever l'énigme de l'ingénieur : un ingénieur *conçoit* essentiellement *en situation* – or, penser rigoureusement ce « en situation » pose problème.

Quand on lit les descriptions historiques de l'ingénieur proposées par Hélène Vérin – descriptions de l'ingénieur fortificateur au XVIᵉ siècle ou de l'ingénieur constructeur de navires au XVIIIᵉ – ou quand on lit les descriptions proposées par un chercheur en sciences de gestion comme Christophe Midler – descriptions de l'ingénieur pris dans des projets de conception de voiture (dans les années 1990) –, un *invariant* émerge en effet : la conception de dispositifs techniques – qu'il s'agisse d'une forteresse, d'un navire ou d'une voiture –, loin de procéder principalement de l'*application* de connaissances *déjà* construites, se constitue bien plutôt essentiellement dans la situation ou dans l'action elle-même. Selon Vérin, la tâche de l'ingénieur consiste ainsi à « trouver, à l'aide d'une mathématique instrumentée, *la solution* ad hoc *à la particularité de la situation* créée par le projet »[1] – et, à l'époque étudiée par Vérin, il peut même s'agir de concevoir cette solution *ad hoc* pendant le combat (l'objectif pouvant être par exemple – pour un ingénieur positionné du côté offensif – de configurer

1. Verin, 1993, p. 67. Nous soulignons.

une tour d'assaut mobile adéquate à la fortification de l'ennemi attaqué). Dans le même ordre d'idées, en opposant le projet à l'ingénierie traditionnelle, Midler souligne que le cahier des charges et la construction d'une solution se construisent dans le projet non pas séquentiellement mais ensemble : dans « le processus dialectique de la "*conversation avec la situation*" »[1]. Loin d'être une *substance* qui déterminerait *de l'extérieur* le projet, la demande même du client est ainsi négociée, *bricolée, en situation de conception*.

La situation ou la conception *en* situation sont donc *constitutives* de l'activité de l'ingénieur et c'est cette essentielle constitutivité de (ou par) la situation qu'il s'agit de penser rigoureusement. Certes, l'on doit sans doute considérer que la conception de l'ingénieur est – aussi – déterminée par des facteurs – ou des substances – *préalables* (par exemple, par les connaissances scientifiques dont l'ingénieur peut disposer avant la conception). Mais les descriptions ici proposées invitent à se plonger au cœur même de la situation (de conception) et à comprendre essentiellement celle-ci non pas comme le jouet de facteurs/structures préalables (foncièrement non situés) mais bien plutôt comme une « instance » irréductible, porteuse d'un poids spécifique.

---

1. Midler, « Modèles gestionnaires et régulations économiques de la conception », in de Terssac et Friedberg, 2002, p. 73 ; la formule « conversation avec la situation » (que nous soulignons) est de Donald Schön.

2. Mais comment penser ce concevoir *en* situation de l'ingénieur, sans le rabattre, donc, sur un ensemble de facteurs, de structures ou de substances préalables ? Il importe, à ce stade, d'opérer un premier geste théorique qui consiste – au-delà de la question spécifique de l'ingénieur – à requérir la *figure* de pensée de la *situation*, que nous distinguons de la figure de la *substance*. Il ne s'agit pas seulement en effet, ici, de produire une analyse de la conception de dispositifs techniques. Ou plus exactement : cette analyse, si elle veut être à la mesure de la constitution *en* situation de la conception, doit s'adosser explicitement, nous semble-t-il, à une manière de penser qui puisse réellement rendre compte d'une telle constitution. Il est nécessaire, dès lors, de rompre avec la figure de la substance laquelle, certes, s'attachera à penser les situations de conception, mais tendra à les rabattre sur des substances préalables, insuffisantes pour appréhender la singularité irréductible de ce qui s'y joue. Cette rupture est d'autant plus importante et difficile que la figure de la substance – sans doute dominante dans l'histoire de la pensée – menace toujours d'absorber, serait-ce sous des formes subtiles, des pensées qui pourtant s'annoncent différentes. Un piège serait par exemple, ici, de considérer la situation elle-même comme une nouvelle substance – comme un *contexte* ou une *structure* – alors même que la figure de la situation vise moins,

finalement, à penser la situation elle-même que ce qui se passe *en* situation.

Forger une telle figure, s'affranchissant des limites de la figure de la substance : nous retrouvons ici le programme d'un certain nombre de courants contemporains en sciences de l'homme et en philosophie. Que l'on songe aux théories de la cognition située, de l'enaction ou des interactions ou encore, sur un plan philosophique, au pragmatisme ou à la phénoménologie merleau-pontienne. Ces recherches semblent bien toutes mettre au premier plan les *actions situées* ou encore les *inter-actions en situation* ; dès lors, elles privilégient nécessairement ce qui se joue *entre* les acteurs (au sens large) en situation, plutôt que les acteurs eux-mêmes, considérés *dans* leur substance. C'est seulement depuis ces actions ou ces interactions que ces recherches – et cette figure de la situation dont elles relèvent – pourront éventuellement, *ensuite*, qualifier les acteurs eux-mêmes (et leur substance) (la figure de la substance procédant inversement : en questionnant l'action ou les interactions en situation depuis les caractéristiques des acteurs qui agissent ou interagissent).

3. Dans le cadre de cette étude, nous proposons de retenir ici, comme référence, le pragmatisme de Dewey et en particulier sa théorie de l'*enquête*. Le choix de cette théorie tient à trois raisons principales.

Tout d'abord, cette théorie relève bien de la figure de la *situation*, laquelle semble en effet mobilisée rigoureusement par Dewey. En particulier, Dewey déconstruit certaines des oppositions propres à la figure de la substance – celle du sujet et de l'objet notamment – pour faire valoir, comme « réalité » première, la situation d'enquête considérée comme une *situation de transaction entre* un organisme et un environnement. Encore une fois, on se gardera bien de considérer cette situation comme une nouvelle substance fondamentale ; le concept de situation de transaction, loin de désigner un *environnement* déterminant de l'extérieur les transactions, permet bien plutôt, en effet, de penser ce qui se constitue *en* situation, le concept d'*expérience* – expérience de transaction ou expérience de la situation – s'avérant de ce point de vue déterminant chez Dewey[1].

Ce n'est que dans ce cadre qu'apparaît l'idée d'enquête, définie comme la transformation, par tout homme (qu'il soit ingénieur ou non), d'une situation indéterminée en une situation déterminée[2]. Dewey désigne ici non pas la transformation par l'homme d'une situation qui serait extérieure à lui mais bien au contraire son engagement ou son action *en* situation, action – en tant qu'enquête – provoquée par ou *dans* certaines situations (initialement indéterminées).

1. Cf. Steiner, 2008, p. 280.
2. Cf. Dewey, 1993, p. 169.

Ensuite, Dewey fait valoir une authentique *problématisation* – en situation[1]. Il semble y avoir en effet un lien constitutif entre l'enquête et l'élaboration du problème : « C'est un dicton familier et plein de sens qu'un problème bien posé est à moitié résolu. Découvrir *ce que* sont le ou les problèmes qu'une situation problématique pose à l'enquête, c'est être déjà bien avancé dans l'enquête[2]. » Finalement, nous sommes avec Dewey très proches des descriptions proposées plus haut de la conception en situation : « L'enquête est la détermination progressive d'un problème et de sa solution possible[3]. »

Troisième raison : le pragmatisme de Dewey entre très significativement en cohérence avec notre examen épistémologique de l'ingénieur. Dans la mesure où il renouvelle les relations entre la théorie et la pratique – celle-ci ne désignant plus une *application* de celle-là[4] –, où il privilégie l'étude des *effets* des actions (plutôt que celle de leurs *causes*) et où il met au premier plan le poids de la *technique* (dans la constitution des connaissances scientifiques)[5], ce pragmatisme s'avère en effet *a priori* particulièrement adéquat à la spécificité de l'ingénieur.

---

1. Cf. Fabre, 2009, p. 15-69.
2. Dewey, 1993, p. 173, souligné par Dewey.
3. *Ibid.*, p. 174.
4. Il est remarquable que Dewey attache explicitement sa déconstruction du couple théorie/pratique (ou sciences pures/sciences appliquées) à l'*ingénieur* (et au médecin). Cf. *ibid.*, p. 535-536.
5. Cf. *ibid.*, p. 133, 134, 136.

Attachons-nous donc à déployer, sur le cas spécifique de l'ingénieur, cette figure de la situation et ce concept d'enquête. Comment caractériser l'*enquêter propre à l'ingénieur* ?

2. Les trois dimensions de l'enquête de l'ingénieur

2.1. Construire des choix

1. Bruno Bachimont propose de caractériser la posture de l'ingénieur comme *sagacité* au sens d'Aristote[1]. S'atteste effectivement un parallèle remarquable entre la recherche épistémologique de la posture spécifique de l'ingénieur et l'examen aristotélicien de cette *vertu intellectuelle* – ni savoir scientifique, ni habileté technique – qu'est la sagacité.

Pour Aristote, un acteur sagace (médecin, pilote de navire ou homme politique) est un acteur qui sait *délibérer* dans un monde *contingent*. Délibération, contingence : ces deux idées s'avèrent ici précieuses. La contingence, tout d'abord, qualifie un monde qui, à la différence du monde étudié par le scientifique, n'est

---

1. Cf. Bachimont, 2010, p. 88-94, 100. Nous assimilons ici les concepts de sagacité et de *prudence* – terme privilégié par Aubenque dans sa traduction et son étude d'Aristote. Cf. Aubenque, 2004.

pas rationnel (précisément, il n'est ni rationnel, ni chaotique) ; la sagacité opère bien nécessairement, dès lors, d'une manière irréductible aux pratiques du scientifique (serait-il appliqué). De surcroît, ce monde contingent, lieu d'exercice de la sagacité, semble adéquat à notre figure de la situation : il est ainsi significatif que l'homme sagace soit, selon Aristote, celui qui sait tirer partie des *circonstances* à chaque fois uniques de la situation[1] ; plus encore : l'analyse de la sagacité renvoie au fait qu'en général « l'homme est un être de situation »[2].

L'idée de délibération, ensuite, met en avant la *construction de choix* réalisée par l'homme sagace : que l'homme évolue dans un monde contingent – non nécessaire – implique qu'« il aura toujours à délibérer et à choisir »[3]. Nous touchons ici, dans notre analyse de l'ingénieur, à un point très important. En effet, de notre point de vue, la *problématisation* opérée par l'ingénieur engage précisément la construction et l'analyse de *diverses options* – c'est sa délibération – touchant le dispositif technique qu'il conçoit, chacune de ces options présentant nécessairement des avantages et des inconvénients (techniques, économiques et/ou

---

1. Cf. Aubenque, 2004, p. 70, 95. L'idée de sagacité est également mobilisée par Dewey (ou du moins par son traducteur) pour caractériser l'intelligence en situation. Cf. Dewey, 1993, p. 122-123, 587.
2. *Ibid.*, p. 65.
3. *Ibid.*, p. 95.

sociaux)[1]. Autrement dit, chacune des options élaborées dans l'enquête de l'ingénieur constitue un *compromis*, cette problématisation donnant lieu – ensuite – au choix du compromis le plus *acceptable*[2]. On distinguera donc soigneusement la construction de choix, qui désigne la problématisation constitutive de l'enquête de l'ingénieur, et l'acte même de choisir ou de décider, qui marque la fin – ou la résolution – de cette enquête.

2. Aussi pertinent soit-il, ce concept de sagacité présente cependant une limite importante. Il risque en effet d'induire, malgré tout, une approche non plus situationnelle mais *substantielle* des hommes ou des ingénieurs, approche en termes de facultés ou d'attributs : sont-ils sagaces ou non ? La sagacité fait-elle partie ou non de leur substance[3] ? Le risque ici est de perdre l'ancrage *en* situation de l'enquête de l'ingénieur – et de céder à cette menace théorique, sans doute toujours

1. C'est d'abord à nos échanges avec Yves Jeanneret que nous devons cette lecture de la problématisation de l'ingénieur. Michel Meyer souligne également l'importance – *problématologique* – de la pluralité des réponses/ solutions possibles. Cf. Meyer, 1986.

2. Il « convient de rechercher en tout non pas le meilleur absolument, mais le meilleur possible étant donné les circonstances » (Aubenque, 1984, p. 114-115). L'idée de *compromis* (le plus) acceptable est bien connue des recherches consacrées à l'activité de conception.

3. « C'est donc l'expertise, l'expérience, *la qualité propre de chacun* qui permettent de juger de manière pertinente. » (Bachimont, 2010, p. 93. Nous soulignons.)

présente : subordonner l'épaisseur de ce qui se joue *en* situation à des substances préalables. Ce risque est probablement accentué par notre mobilisation des idées de *choix* et de *problématisation*, lesquelles semblent particulièrement susceptibles (ainsi que nous l'a indiqué Eddie Soulier) d'être rattachées à des thématiques cognitives *substantielles*. Or, dans l'approche ici proposée, nous ne saurions considérer l'ingénieur comme un acteur sagace qui, en son for intérieur, construirait des choix puis déciderait rationnellement – un acteur, autrement dit, qui ne serait pas constitutivement engagé dans et par une situation (laquelle, comme nous l'avons suggéré avec Dewey, suscite et affecte la construction de choix). Il importe donc de montrer de quelle manière cette *construction* s'opère *en* situation.

2.2. Bricoler l'hétérogène

1. La problématisation de l'ingénieur comme construction de choix repose sur ce que nous proposons d'appeler un *bricolage de l'hétérogène*[1]. Bricolage : le concept est forgé par Lévi-Strauss dans *La Pensée sauvage* pour caractériser – et valoriser – la pensée des indigènes, considérée comme une « science du concret »[2] (ce

---

1. Cette formule – qui doit beaucoup à Schmid (1998) – a d'abord été proposée dans un article collectif. Cf. Choplin et al., 2006.
2. Lévi-Strauss, 2010, p. 11.

bricolage étant donc d'abord « intellectuel »[1]). Utiliser ce concept pour qualifier la posture de conception de l'ingénieur surprendra peut-être, et ce d'autant plus que Lévi-Strauss oppose explicitement le bricoleur et l'ingénieur[2]. Et pourtant, plusieurs auteurs, contestant cette opposition, opèrent effectivement le rapprochement de ces deux acteurs[3]. Ce rapprochement est en effet intéressant à plusieurs titres.

Tout d'abord, il inscrit d'emblée l'action de l'ingénieur comme une action *en* situation. Car le bricolage est foncièrement situé : c'est là en effet la force du bricoleur – son *ingéniosité* – que d'inventer une solution « avec les moyens du bord »[4] ou avec les moyens de la situation : en faisant preuve, donc, d'une authentique « plasticité à la situation »[5] (comme l'écrivent Guy Minguet et Florence Osty dans leur analyse du bricolage requis par l'activité de conception).

Ensuite, loin de disqualifier ou de dévaloriser l'enquête de l'ingénieur, le concept de bricolage indique, de notre point de vue, le rapport *actif* qu'elle entretient nécessairement avec les sciences. Tranchant sur une simple *application*, ce rapport de bricolage peut impliquer

1. Lévi-Strauss, 2010, p. 30.
2. Cf. *ibid.*, p. 31.
3. Cf. Odin et Thuderoz, 2010.
4. Lévi-Strauss, 2010, p. 31.
5. Minguet, Osty, « L'activité de conception comme bricolage : entre la rationalisation industrielle et l'exploration des possibles », in Odin et Thuderoz, 2010, p. 246.

un *détournement*[1] – en fonction des exigences de la situation et du dispositif conçu – des contenus scientifiques mobilisés. Plus encore, bricoler, c'est pour l'ingénieur – conformément à l'idée de Lévi-Strauss, selon laquelle les moyens du bricoleur sont « hétéroclites »[2] – exploiter, détourner et conjuguer en situation des ingrédients scientifiques *divers*, et c'est également les *combiner*[3] avec d'autres types d'ingrédients : techniques, économiques et/ou sociaux. La difficulté ici tient à ce que ces ingrédients entrent bien souvent en contradiction ou en *tension* les uns avec les autres (que l'on songe seulement à la tension classique entre le coût, la qualité et les délais d'un projet). On peut considérer en effet que c'est une des spécificités de l'ingénieur que d'essayer de *concilier* des « contraintes contradictoires »[4], notamment techniques, économiques et sociales (tensions qui constituent le ressort des *compromis* et des *choix* construits par l'ingénieur).

1. Cf. Lévi-Strauss, 2010, p. 30.
2. *Ibid.*, p. 31.
3. Armand Hatchuel a décrit les *savoir-combiner* engagés par la conception : « *Les savoir-combiner* se développent dans des activités dans lesquelles *il faut générer un plan d'action qui réponde à de multiples contraintes*, parfois changeantes, et impliquant plusieurs acteurs. C'est un savoir de l'élaboration de compromis, en tenant compte du fait que parfois *un compromis est une véritable invention* » (« Coopération et conception collective. Variété et crises des rapports de prescription », in de Terssac et Friedberg, 2002, p. 112. Nous soulignons « un compromis est une véritable invention »). Mais cette analyse en termes de *savoir* (-combiner) ne risque-t-elle pas de rabattre la combinaison qui s'opère *en* situation sur une dimension *substantielle* (ce savoir) ?
4. Vérin, 1993, p. 249.

Ces tensions, constitutives de l'enquête de l'ingénieur, peuvent être très différentes les unes des autres. Certaines peuvent ne concerner que le registre *technique*. Par exemple, il n'est pas possible, simultanément, de diminuer la surface et la consommation d'un circuit électronique et d'augmenter sa vitesse, dans la mesure où ces trois performances (surface, consommation, vitesse) constituent trois qualités contradictoires (ou en tension). C'est précisément pour traiter ce type de contradiction qu'une méthode de conception comme la méthode Triz a été inventée. Mentionnons également qu'avec Isabelle Cailleau, nous avons identifié six tensions (assez générales) susceptibles d'être intégrées dans le bricolage de l'ingénieur : les tensions de la qualité, du coût *et* du délai ; du client *et* de la technique ; de l'organisation *et* de l'innovation ; du niveau stratégique *et* du niveau opérationnel ; du fonctionnement hiérarchique *et* du fonctionnement transversal ; du court *et* du long terme.

Portant donc sur l'*hétérogène* (point déjà suggéré à travers l'idée de dispositif), s'attachant, plus précisément, à concilier des dimensions hétérogènes entrant en tension les unes avec les autres, le bricolage de l'ingénieur témoigne ainsi d'une authentique intelligence – en situation – du complexe[1].

2. Dès lors, il peut paraître étonnant que Lévi-Strauss oppose explicitement le bricolage de la pensée sauvage

1. Cf. Odin, Thuderoz, « Mondes bricolés et pensée complexe. Quelques matériaux "qui pourront toujours servir" », in Odin et Thuderoz, 2010.

et la pensée des ingénieurs[1]. Son analyse semble toutefois toucher juste lorsqu'elle souligne qu'à la différence du bricoleur, l'ingénieur, en situation, est toujours guidé par un *projet* – un projet auquel, selon Lévi-Strauss, demeure subordonné le choix par l'ingénieur des moyens exploités[2]. Effectivement, l'ingénieur est peut-être d'abord un homme de projet, c'est-à-dire un homme qui projette, anticipe, prévoit, en particulier un *dispositif* et ses *effets*[3]. Or, l'idée de *bricolage* ne rend probablement pas suffisamment compte de ce point, même s'il convient de rappeler, à l'encontre peut-être de Lévi-Strauss, que, loin de désigner une instance *a priori*, en surplomb de la situation d'enquête – instance en fonction de laquelle l'ingénieur agirait au sein de celle-ci –, le projet de l'ingénieur est lui-même négocié et bricolé au cours de l'enquête[4]. En somme, il

---

1. Frédéric Keck indique que cette opposition – et la critique de l'ingénieur qui en découle – visent d'abord Sartre et sa « définition de la conscience comme projet » (« Remarques sur la notion de bricolage chez Claude Lévi-Strauss », in Odin et Thuderoz, 2010, p. 54). Il est remarquable que cette critique de Sartre par Lévi-Strauss (au nom du bricolage) soit solidaire d'un rapprochement entre ce dernier et Merleau-Ponty (cf. *ibid.*, p. 55) – dont la phénoménologie met en avant l'engagement *en situation* des sujets.

2. Cf. Lévi-Strauss, 2010, p. 31.

3. Cf. Vérin, « Le mot : ingénieur », in *Culture Technique*, 1984, p. 20 ; Picon, 1997, p. 442.

4. Cf. Le Moigne, Odin, « "La pensée sauvage" est-elle l'un des germes de la pensée complexe ? », in Odin et Thuderoz, 2010, p. 145 où Le Moigne explique à propos de Léonard de Vinci : « Par exemple, chez Léonard, il y a une fin à atteindre ; il s'aperçoit que les moyens mis en œuvre n'atteignent pas cette fin, mais cela lui donne des idées d'une autre fin. L'invention de l'hélicoptère, c'est un bricolage qui a duré dix ans. »

importe ici de soutenir *à la fois* que l'ingénieur est un homme de projet (différent, en ce sens, du bricoleur) *et* que ce projet lui-même est *bricolé en situation*.

2.3. MODÉLISER

1. De façon à pallier les limites de l'idée de bricolage – qui ne rend suffisamment compte ni du projet de l'ingénieur, ni du type spécifique de connaissance qu'il peut construire quand il conçoit un dispositif technique –, nous proposons de mobiliser une troisième dimension : la *modélisation*. Schmid et Franck Varenne ont montré que cette dernière – parfois associée à la *simulation* informatique[1] – pouvait constituer, au même titre que la problématisation, une des composantes épistémiques dont la mise au premier plan peut libérer l'épistémologie de l'ingénieur de sa subordination au couple théorie/expérience (ou au couple abstrait/concret)[2]. De ce point de vue, loin d'être un simple moyen au service de l'élaboration d'une *théorie* ou de sa vérification/falsification par une *expérience*, la modélisation désigne un mode authentique spécifique de construction de connaissances. Cherchant également à affranchir l'ingénieur des catégories épistémologiques classiques – et de l'image

1. Cf. Varenne, 2006.
2. Cf. Legay et Schmid, 2004 ; Schmid, « Préface », in Varenne, 2006.

du scientifique appliqué –, Nicolas Bouleau considère, pour sa part, que c'est elle, la modélisation, qui fait la spécificité même de l'ingénieur (ou du moins de l'ingénieur contemporain)[1].

2. Qu'il soit issu d'une conjugaison singulière de divers contenus techniques et scientifiques[2], ou bien qu'il représente une réponse directement proposée à un client – réponse comportant des spécifications techniques, de coût et d'usage –, le modèle de l'ingénieur – entendu de façon générale comme une « représentation *heuristique* »[3] – semble en effet présenter des caractéristiques très significatives du point de vue de notre examen de son enquête. Tout d'abord, il traduit bien une démarche de projet (ou d'anticipation) : la modélisation se déploie en effet *pour* réaliser un projet ou atteindre un objectif (concevoir un dispositif, le négocier avec un client). Davantage, conformément à la manière dont un ingénieur projette *en* situation, la modélisation, au sens où nous proposons ici de l'entendre, s'effectue non pas *avant* une situation – pour la régir de l'extérieur (comme un

---

1. Cf. Bouleau, 1999.
2. « Par exemple un modèle d'hydrologie dans un bassin fluvial ou une zone urbaine, fait intervenir des probabilités, de la mécanique des fluides, de la mécanique des sols, de l'urbanisme, de l'économie » (*ibid.*, p. 324).
3. Nadeau, 1999, p. 417, souligné par Nadeau – qui envisage ici le modèle en *science*, alors que sa dimension « heuristique » concerne, de notre point de vue, la conception de dispositifs techniques.

modèle théorique pourrait régir une pratique concrète) –, mais bien plutôt *dans* et pour une « situation socio-économique »[1] donnée (la modélisation se soustrayant ainsi à l'opposition théorie/pratique). C'est là, par rapport à la *théorie*, à la fois la force et la faiblesse du modèle : sa faiblesse, parce qu'une fois la situation passée, le modèle risque de n'être plus pertinent ; sa force, parce que c'est précisément en étant *ad hoc* (ou propre à la situation), qu'il va pouvoir être efficient dans la situation donnée, par exemple en servant d'*objet intermédiaire*[2] entre acteurs hétérogènes (engagés dans cette situation)[3].

Plus encore, il est probable qu'un modèle soit en relation étroite (et complexe) avec les constructions de *choix* opérées par l'ingénieur, au point que l'on pourrait se demander si cette relation n'est pas constitutive, serait-ce partiellement, de la spécificité de ces constructions. En effet, non seulement les modèles peuvent contribuer à analyser ou à évaluer les différentes options forgées par l'ingénieur, mais ses choix peuvent aussi concerner directement la modélisation elle-même (et l'on sait en effet le caractère foncièrement *multiple*

---

1. Bouleau, 1999, p. 295.
2. Cf. Vinck, 1999. Notre lecture de l'ingénieur, selon la figure de la situation, ne peut que valoriser le poids, dans son activité, des objets *intermédiaires* (plans, cartes, devis…).
3. Cf. Bouleau, 1999 ; Lécaille, « Simulation numérique et expérimentation », in Vinck, 1999, p. 135-136.

du modèle)[1] ; il pourra ainsi s'agir, pour l'ingénieur, de choisir entre des modèles ayant chacun des avantages et des inconvénients, typiquement entre un modèle maniable mais peut-être simplifié de manière exagérée et un modèle plus riche mais difficile à exploiter.

Enfin, un modèle, même s'il simplifie la réalité (par définition d'un modèle), combine *a priori* de l'*hétérogène* ou des ingrédients hétérogènes[2] (techniques, économiques et sociaux). Son élaboration peut donc s'appuyer sur le bricolage intellectuel de l'ingénieur (décrit plus haut).

2.4. UN EXEMPLE D'ENQUÊTE

Construire des choix, bricoler l'hétérogène, modéliser : la spécificité de la conception ou de la problématisation en situation de l'ingénieur tient, selon nous, à ce qu'elles conjuguent ces trois dimensions. Cette analyse présente une limite importante : ces dimensions ne rendent pas compte du caractère *collectif*, pourtant déterminant, que

---

1. Une même théorie, une même fonction, un même ensemble de données empiriques ou encore une même situation peuvent en effet donner lieu à une *multiplicité* de modèles. Cf. Legay et Schmid, 2004 ; Bouleau, 1999. Plus encore, il existe des types hétérogènes de modèle : des modèles *descriptifs*, *explicatifs* ou *de décision* ; des modèles *quantitatifs* ou *qualitatifs*, etc. L'activité de modélisation d'un ingénieur pourra consister, précisément, à conjuguer et à *bricoler* plusieurs modèles (cf. Schmid, 1998), relevant éventuellement de types hétérogènes.
2. Cf. Legay et Schmid, 2004.

revêt l'enquête de l'ingénieur – même si le modèle, en tant qu'il peut désigner un objet intermédiaire entre acteurs, ou l'*hétérogénéité* du bricolage font bien signe vers cette dimension sociale.

Il demeure que ces trois dimensions – irréductibles les unes aux autres – rendent possible la description de pratiques d'ingénieur significativement diverses. Ainsi pourrait-on sans doute distinguer, ou typer, les enquêtes des ingénieurs selon :

– le(s) *type(s) de choix* qu'elles conduisent à construire (choix portant sur le dispositif technique conçu ou plutôt sur la démarche même de conception de ce dispositif ?) ;

– les ingrédients *hétérogènes* qu'elles bricolent (ou ne bricolent pas) ;

– le(s) *type(s) de modèle(s)* construit(s).

La situation décrite dans l'encadré suivant donne un exemple d'articulation de ces trois dimensions.

Répondre à un client interne
– Le cas d'un ingénieur support à PSA Peugeot Citroën[1]

1. Cette situation correspond à la mission exercée à PSA Peugeot Citroën par un ingénieur appartenant à un service dédié

1. Nous remercions Frédéric Monnerie (PSA Peugeot Citroën) et Hadi Hachem (étudiant ingénieur de l'UTC, en apprentissage chez PSA Peugeot Citroën de 2008 à 2011) de nous avoir permis de découvrir et d'explorer cette situation d'ingénieur, pendant les trois ans d'apprentissage de Hadi (dont nous étions le tuteur à l'UTC).

---

au *support de la conception*, support en termes de *modèles* et d'outils numériques permettant la modélisation/simulation. Un concepteur (ingénieur également) veut dimensionner une pièce du véhicule qu'il conçoit (par exemple, une boîte de vitesse) : il fait alors appel à ce service ou à cet ingénieur *support* pour qu'il lui fournisse un modèle de cette pièce, cette modélisation supposant, le plus souvent, une approche « système » de la voiture (ou de ses pièces), requérant *divers domaines scientifiques* (mécanique, électricité, thermodynamique…). Dans sa conception, l'ingénieur dit *métier* exploite ensuite ce modèle à travers un outil numérique – un logiciel de calcul numérique –, lui permettant des simulations (de sa pièce). Deux *dispositifs techniques* sont donc ici à distinguer : la voiture conçue par l'ingénieur métier et l'outil numérique proposé (conçu et contrôlé) par l'ingénieur support (outil dont l'usager ou le client – interne – est l'ingénieur métier).

2. Assumer cette situation de support – ou de réponse à un client interne – suppose, de la part de notre ingénieur, la construction de plusieurs choix ; nous amorçons ici une première approche de cette enquête en distinguant *deux types de choix*. Le premier type de choix ou de problématisation concerne les modèles et outils numériques susceptibles d'être proposés au concepteur métier. L'ingénieur support peut en effet proposer plusieurs modèles et outils numériques, lesquels présentent, chacun, des avantages et des inconvénients sur le plan de leurs performances techniques ; celles-ci sont en particulier régies par un *compromis* entre *précision* (du modèle et de la simulation) et *temps* de calcul (ou de simulation), un calcul précis étant *a priori* lent à réaliser (et inversement). En fonction des demandes du concepteur métier, l'ingénieur support pourra essayer de s'affranchir de ces inconvénients en utilisant une méthode dite de co-simulation visant à conjuguer les avantages des différents modèles/outils. Mais le choix même de cette méthode de co-simulation pose alors difficulté (plusieurs options étant, là aussi,

envisageables, chacune désignant à nouveau un compromis). Construire ce premier type de choix suppose, de surcroît, de prendre en compte des facteurs *non techniques* liés en particulier aux prix des logiciels (de calcul numérique) (dimension économique) et à leur facilité d'usage par l'ingénieur métier (dimension sociale). Le service informatique de PSA Peugeot Citroën privilégiera ainsi l'usage, au sein de l'entreprise, de logiciels peu chers ou génériques, lesquels ne seront pas nécessairement en adéquation avec les demandes spécifiques ou avec les pratiques habituelles des ingénieurs métiers. D'ordre économico-sociale, cette *tension* devra bien entendu être intégrée par notre ingénieur support ; il pourra la traiter en « customisant » – en *bricolant* – des outils génériques (ou du marché) en fonction des exigences spécifiques du métier supporté.

Le second type de choix – déterminant – porte sur l'organisation même du travail de l'ingénieur support. Le client demande bien souvent une réponse à *court* terme. L'ingénieur support doit alors savoir diagnostiquer et filtrer cette demande (c'est là sans doute que peut tout particulièrement s'exprimer sa *sagacité*) : est-il possible d'y répondre efficacement *et* de manière rapide ? Cette demande est-elle prioritaire au regard non seulement des autres demandes de support déjà formulées mais également du travail à *moyen* (ou long) terme d'élaboration de solutions de support pérennes (que doit également réaliser notre ingénieur) ? Souvent, face à ces dilemmes, l'ingénieur support négocie avec le client, mais aussi avec sa hiérarchie. Des compromis sont alors trouvés ou bricolés. Par exemple, une solution partielle pourra être proposée à court terme au client. Il pourra aussi arriver que ce soit l'ingénieur métier lui-même (et non l'ingénieur support) qui modélise, en particulier lorsque l'équipe support n'est plus en mesure de faire face aux demandes spécifiques des métiers.

3. Cette situation semble bien ainsi déterminée en profondeur par les trois dimensions identifiées dans notre analyse de l'enquête

de l'ingénieur : construction de divers choix ou compromis ; bricolage d'ingrédients hétérogènes (techniques, économiques, sociaux ou organisationnels) ; modélisation/simulation. Une analyse du caractère spécifiquement contemporain de cette situation – en termes de *mouvement* – nous conduirait sans doute à étudier dans quelle mesure les demandes à court terme des clients constituent des *événements* pour notre ingénieur support.

3. Enquêter ou résoudre ?
L'ingénieur et le scientifique

1. Enquêter en situation : cette détermination de la posture de l'ingénieur soustrait bien celui-ci à l'image du *scientifique appliqué* (le concept de bricolage étant particulièrement significatif de ce point de vue). Demeure toutefois la question de la différence entre la problématisation de l'ingénieur et celle du scientifique, question que rend d'autant plus aiguë ce mélange contemporain des techniques et des sciences que désigne la *technoscience*[1]. Nous ne saurions – dans cet ouvrage prioritairement centré sur la spécificité de l'ingénieur contemporain – prétendre fournir une analyse approfondie du problématiser scientifique comme tel. Mais il est possible ici de proposer *trois lectures complémentaires* du scientifique – et, surtout, de la différence (ou

1. Cf. Sebbah, 2010 ; Bot, 2011.

de la ressemblance) entre nos deux acteurs. Chacune d'entre elles obéit à une figure de pensée : situation, substance ou mouvement.

2. Rattachée à la figure de la *situation*, la première lecture consiste à considérer le problématiser scientifique depuis la théorie de l'enquête de Dewey : de ce point de vue, tout comme l'ingénieur, le scientifique est un enquêteur en situation. Cette première lecture paraît de nature à pouvoir éclairer certaines pratiques scientifiques contemporaines, par exemple celles qui, finalisées par une demande sociétale, requièrent de l'*interdisciplinarité* ou relèvent d'une *recherche partenariale* ou bien d'une *recherche technologique*. Dans tous ces cas, le travail scientifique, loin d'obéir seulement à un cadre pré-établi, est en effet significativement déterminé – aussi – par une activité *en* situation, par exemple de construction (construction toujours délicate) de problèmes susceptibles de s'affranchir des frontières disciplinaires. Comment alors différencier cette enquête du scientifique et celle de l'ingénieur ? Doit-on considérer que le scientifique, s'il bricole également en situation, a cependant affaire à moins d'*hétérogénéité* (ou d'ingrédients hétérogènes) que l'ingénieur ? Ou encore : que les *modèles* élaborés dans des projets de recherche technologique peuvent désigner des *objets intermédiaires* entre l'ingénieur et le scientifique ?

Ce questionnement – que nous n'approfondirons pas ici – relève d'une lecture de la problématisation scientifique qui peut et doit être complétée de deux manières.

3. Tout d'abord, on peut critiquer la manière dont le pragmatisme en général tend à réduire la spécificité de la théorie scientifique. Ne subordonne-t-il pas celle-ci à ses *effets* – et dès lors, ne risque-t-il pas, comme l'a souligné Popper, de confondre science et technique ? Touchant spécifiquement Dewey : sa philosophie ne menace-t-elle pas de diluer la problématisation scientifique dans une structure *générale* d'enquête (valant pour toute problématisation) ? Faire droit à ces réserves implique de soustraire l'activité scientifique au régime du pragmatisme et de l'enquête. Une manière de procéder consiste à faire valoir une forme d'essence ou de norme spécifique – une *substance* – de la science, à laquelle doit se plier *a priori* l'activité du scientifique. Le problème, dès lors, est de déterminer cette *substance* devant cadrer ou *contrôler* cette activité.

Une telle substance peut, d'abord, désigner une *méthode*. Par exemple, dans l'épistémologie de Popper, la méthode scientifique – dite *critique* – se définit selon l'exigence de *falsification* (ou de réfutation) : le scientifique doit s'employer, par des expériences, à falsifier – plutôt qu'à vérifier – la théorie (une théorie non falsifiable n'étant pas considérée comme scientifique). Cette épistémologie ménage explicitement une place significative à la problématisation : pour Popper, falsifier ou réfuter, c'est en effet, précisément, construire des *problèmes*[1]. Popper en vient même à « caractériser le progrès scientifique » à partir de la « *distance* séparant un *ancien problème* de celui qui lui succède, le *nouveau problème* », plutôt qu'à partir de « la distance entre les anciennes théories et la nouvelle génération de théories qui les remplacent »[2]. Popper amorce bien ici le déploiement d'une authentique problématologie de la science[3]. Cette amorce paraît d'autant plus significative que Popper fait également valoir la nécessité, pour le scientifique, d'élaborer des *conjectures*, c'est-à-dire des théories alternatives ou des essais théoriques – qu'il faudra ensuite essayer de falsifier –, lesquels peuvent être également rattachés à une authentique activité de problématisation[4] (comparable à la problématisation opérée par l'ingénieur lorsqu'il construit *diverses options* touchant un dispositif technique).

Mais il ne s'agit effectivement que d'une amorce. Car, chez Popper, *la problématisation reste encadrée par la méthode critique*, laquelle n'a *a priori* pas elle-même à

1. Cf. Popper, 1997, p. 31.
2. *Ibid.*, p. 34, souligné par Popper.
3. Cf. Popper, 1998, p. 280-283.
4. Cf. Popper, 1997, p. 32.

être critiquée ou problématisée par le scientifique. Dès lors, le problème se trouve nécessairement coincé entre la théorie et l'expérience, la problématisation se comprenant (en particulier) comme une réfutation de celle-là par celle-ci, c'est-à-dire, malgré tout, comme une étape intermédiaire vers une « théorie meilleure »[1]. Nous croisons ici à nouveau l'analyse de Schmid : libérer épistémologiquement la problématisation (ou l'ingrédient du problème) suppose, de son point de vue, de l'affranchir du couple théorie-expérience et, du nôtre, de ne pas l'encadrer par une substance du type de celle que désigne la méthode critique de Popper (effectivement régie par ce couple).

Dans la mesure où – en dépit des avancées problématologiques de Popper – la problématisation demeure ainsi subordonnée à cette *substance-méthode*, nous considérons qu'elle reste, dans cette épistémologie, gouvernée par l'exigence d'une *résolution de problème*[2] – ou d'un *résoudre*. Par ce verbe (résoudre), nous désignons donc un processus de problématisation encadré par une *substance* qui, loin d'être elle-même mise en jeu dans la problématisation ou dans la situation de problématisation, structure – de l'extérieur – cette situation et sa résolution. Dès lors, le résoudre se distingue de l'*enquêter*

1. Popper, 1997, p. 34.
2. « … l'épistémologie […] devient la théorie de la résolution des problèmes » (Popper, 1998, p. 228).

(lequel, s'il débouche bien également sur une résolution, n'est pas régi par une dimension *extérieure* à la situation d'enquête).

Que la figure de la substance, telle qu'elle peut se déployer sur le scientifique, conduise à contenir ou à réduire la problématisation opérée par celui-ci – dès lors de l'ordre d'un *résoudre* –, nous pourrions également l'attester en considérant un second type de substance, plus « lourd » : la *substance-structure*. Il s'agirait alors de s'intéresser aux épistémologies, telles celles de Kuhn ou de Lakatos, qui estiment que l'activité scientifique est régie non pas seulement par une méthode d'articulation de la théorie et de l'expérience (que cette méthode valorise la vérification ou la falsification de celle-là par celle-ci), mais par une *structure*[1] plus profonde – porteuse, en particulier, d'une vision du monde – : le *paradigme* (Kuhn) ou le *programme de recherche* (Lakatos). Nous montrerions alors, sans doute, que ces épistémologies, attachées à une substance-structure, ménagent moins de place encore à la problématisation que les épistémologies faisant valoir une substance-*méthode*. Que l'on songe à la manière dont Kuhn subordonne les *énigmes* scientifiques au paradigme : « Un paradigme peut même tenir le groupe des chercheurs *à l'écart de problèmes* qui ont leur importance sociale mais ne sont *pas réductibles aux données d'une énigme* parce qu'ils ne se posent pas en

1. Cf. Chalmers, 2006.

termes compatibles avec les outils conceptuels et instrumentaux que fournit le paradigme. [...] L'une des raisons qui fait que la science normale semble progresser si rapidement est que ses spécialistes se concentrent sur des problèmes que seul leur manque d'ingéniosité devrait les empêcher de *résoudre*[1]. » Il demeure que ces épistémologies structuralistes indiquent une *problématisation radicale* – de l'ordre du *répondre* – en un point précis : lorsque la structure ou la substance (paradigme ou programme de recherche) censée régir l'activité du scientifique est elle-même remise en cause, dans un *mouvement* révolutionnaire (selon Kuhn).

4. Comment donc évaluer cette lecture du scientifique selon la figure de la substance ? Peut-être apparaîtra-t-elle quelque peu caricaturale ou typique d'un *philosophe* cherchant à relativiser la portée de la problématisation *scientifique*. Sans doute contestera-t-on aussi, avec Feyerabend, le geste de type poppérien consistant à réduire la science – et l'ensemble des activités scientifiques – à *une* méthode (ou à *un* ensemble de règles méthodiques). On pourra également, avec Schmid, remettre en cause la pertinence du *structuralisme* épistémologique pour d'autres champs scientifiques que la mécanique.

1. Kuhn, 1983, p. 63. Nous soulignons.

Nous considérons pourtant que, dans sa ligne générale, cette lecture touche juste. La science n'est-elle pas en effet « un processus *contrôlé* de production de connaissances »[1] ? Or, comment le scientifique peut-il faire valoir ce contrôle sans requérir une instance – une *substance* – de contrôle ? Nous ne soutenons certes pas que le scientifique, aveuglément, *applique* ou obéit à cette instance ou bien qu'il ne la problématise jamais ; nous n'estimons pas non plus, bien entendu, que cette instance de contrôle est aujourd'hui la même dans tous les champs scientifiques. Simplement, nous nous demandons si la situation du scientifique n'a pas en général ceci de spécifique qu'elle est significativement déterminée par une instance de contrôle, extérieure à cette situation ou du moins peu bricolable dans celle-ci (ce qui n'interdit pas, naturellement, que dans cette situation le scientifique procède, par ailleurs, à un certain bricolage).

Dès lors, la différence semble significative entre l'activité du scientifique et l'enquête de l'ingénieur, telle que nous l'avons envisagée avec Dewey (Dewey intégrant la dimension du contrôle dans la situation d'enquête elle-même). Cette comparaison est précieuse du point de vue de notre analyse de l'ingénieur. Son activité de *contrôle* – plutôt que de conception – de dispositifs techniques n'est-elle pas elle aussi, en effet, nécessairement

1. Le Masson et al., 2006, p. 217. Nous soulignons.

déterminée par une instance (ou substance) légitimant de l'extérieur ce contrôle ? Comment par exemple envisager le contrôle qualité d'un dispositif technique sans requérir une norme qualité construite préalablement à la situation de contrôle ? De surcroît, qu'elle soit de contrôle ou de conception, l'activité de l'ingénieur peut bien entendu être déterminée de l'extérieur par des *substances*, qu'il s'agisse de sciences spécifiques de l'ingénieur (par exemple, la résistance des matériaux), de *méthodes* d'ingénierie (par exemple, l'analyse de la valeur) ou de *cultures implicites* (propres à des entreprises ou des services), lesquelles cultures paraissent comparables, à certains égards, aux paradigmes des scientifiques[1]. Mais encore une fois : n'est-ce pas le propre de l'ingénieur – de son *ingenium* (du moins tel qu'il s'exerce dans la conception) – que de savoir intégrer ou détourner ces normes, ces sciences, ces méthodes et peut-être même ces cultures dans son *bricolage de l'hétérogène* ?

Penser la problématisation de l'ingénieur, comme celle du scientifique, peut donc exiger de *conjuguer les deux figures de pensée de la substance et de la situation*, figures dont on se gardera bien, dès lors, de considérer qu'elles sont exclusives l'une de l'autre. Complémentaires, toutes deux peuvent – et doivent sans doute –

---

1. Cf. Mer, « L'ingénieur-calculs au bureau d'études », in Vinck, 1999, p. 77-89.

en effet être mobilisées pour analyser la problématisation opérée par nos deux acteurs. Simplement, *dans les deux cas, c'est une figure différente qui paraît incontournable* : dans le cas du *scientifique*, c'est la figure de la *substance* – dans la mesure où la problématisation du scientifique se doit, en tant que *résoudre*, d'être significativement régie de l'extérieur par une substance (ou instance) de contrôle –, alors que, dans celui de l'*ingénieur*, c'est celle de la *situation* – dans la mesure où sa problématisation ou sa conception, en tant qu'*enquêter*, se constitue irréductiblement *en* situation.

5. Aussi complémentaires soient-elles, ces deux figures de la substance et de la situation paraissent cependant toutes deux insuffisantes pour rendre compte de l'ensemble des activités scientifiques. On peut le suggérer, d'abord, depuis les épistémologies même de Kuhn ou de Lakatos. Comment en effet penser – munis de ces deux seules figures – les *transformations* de paradigme ou de programme de recherche : les *révolutions* scientifiques (thématisées par Kuhn) ? Comment qualifier celles-ci sans mobiliser une pensée du mouvement – une pensée de la crise ou de l'*événement* ou encore une pensée du *devenir* ou du potentiel[1] attaché à de nouvelles théories émergentes ? On peut le suggérer également depuis la sociologie des sciences de

1. Cf. Chalmers, 2006, p. 200-214.

Latour. L'activité scientifique contemporaine paraît alors indissociable du mouvement de réseaux – ou d'*agencements* – socio-techniques, qui ne sauraient être rabattus ni sur une « méthode » (ou une substance) scientifique, ni sur une approche situationniste ou « localiste »[1]. Événement, devenir, agencement : nous voilà donc du côté d'une troisième figure de pensée : celle du mouvement. C'est elle qui va nous permettre de penser l'ingénieur *contemporain* et sa problématisation – comme *répondre*.

---

1. Latour, 2006, p. 161.

Chapitre 2

La figure du mouvement – à partir de trois cas

Aussi légitime soit-elle, cette première analyse de l'ingénieur – en termes d'enquête – n'est pas à la mesure de la spécificité de l'ingénieur *contemporain*. C'est ce dont témoignent les trois cas étudiés dans ce chapitre (cf. § 2), lesquels mettent en évidence la réalité – agitée ou *mouvementée* – qui peut être la sienne dans les organisations contemporaines (cf. § 1). Émerge ainsi la nécessité de raisonner depuis une figure spécifique de pensée : celle du *mouvement*, que nous distinguons de la figure de la *situation* (cf. § 3) qui a prévalu dans le premier chapitre.

Dans ce deuxième chapitre, nous serons donc à la fois au plus près et au plus loin de la réalité de l'ingénieur.

Au plus près, d'une part, car nous décrirons, dans une veine sociologique, les *épreuves du mouvement* qu'il peut traverser ; au plus loin, d'autre part, puisque nous n'en tirerons pas encore les conséquences touchant sa posture de problématisation, considérant qu'il importe, d'abord, d'élaborer une figure spécifique de pensée (figure qui, en soi, n'est pas attachée spécifiquement à la question de l'ingénieur). Ce n'est que dans le troisième chapitre que nous nous attacherons à appréhender, sur cette base, la spécificité de l'ingénieur contemporain et de son *répondre*.

1. Penser le mouvement des organisations contemporaines

1.1. Au-delà des sciences de l'homme

1. « *Mouvement brownien* », « *chaos* », « *tourbillon* » : telles sont certaines des formules utilisées, pour décrire leurs situations de travail, par les acteurs que nous avons pu interviewer en entreprise[1]. Elles ciblent des mouvements ou des désordres qui peuvent concerner les acteurs/opérateurs eux-mêmes (que l'on

---

1. Ces entretiens ont été effectués entre 2005 et 2008 auprès d'acteurs appartenant à une dizaine d'entreprises très diverses (de par leur secteur et leur taille). Ils étaient finalisés par la conception, à l'UTC, de formations professionnalisantes. Plusieurs d'entre eux n'auraient pas été possibles sans l'aide de Jean-Pierre Caliste.

songe aux exigences d'adaptabilité ou de flexibilité qui pèsent sur eux), le fonctionnement interne de l'organisation (dans la mesure où il est sans cesse bousculé par de nouvelles orientations managériales) et/ou les limites ou frontières de celle-ci (lesquelles, dans bien des cas, ne cessent d'évoluer, l'organisation ou l'entreprise devenant alors une « entreprise-réseau », dont le « cœur de métier » et les relations avec les fournisseurs, les clients ou les partenaires demeurent incertains et mouvants).

Que l'entreprise soit ainsi, aujourd'hui, traversée par de singuliers *mouvements*, un certain nombre de sociologues du travail contemporain l'ont déjà souligné. Denis Segrestin évoque ainsi l'« économie de *grand vent* » qui est la nôtre et « l'art du mouvement »[1] qui, en conséquence, s'impose aujourd'hui aux managers. Zarifian marque, lui aussi, la nature foncièrement mouvementée du travail contemporain, en particulier lorsqu'il souligne combien une organisation *apprenante* contemporaine est, d'abord, une organisation qui sait « apprendre de l'*instabilité* et des *mutations* »[2]. S'intéressant aux projets d'innovation technique, Latour met en évidence, pour sa part, le « *chaos* »[3] qui peut affecter certains de ces projets.

1. Segrestin, 2004, 4ᵉ de couverture. Nous soulignons.
2. Zarifian, 2000. Nous soulignons.
3. Latour, 1992, p. 179. Nous soulignons.

S'ils concernent bien sûr l'ingénieur, ces diagnostics sociologiques engagent, plus largement, les organisations contemporaines comme telles (et en premier lieu leur management). Comment prendre théoriquement la mesure du mouvement – ou de l'agitation singulière – qu'ils pointent ainsi ?

2. Nous proposons ici de nous appuyer sur les travaux sociologiques de Norbert Alter, lesquels *approchent* ce mouvement contemporain comme tel. D'une façon générale, Alter considère que « les entreprises contemporaines se définissent par leur mouvement, bien plus que par leurs règles » et que « ce mouvement est peu ordonné. »[1] Ce mouvement désordonné, Alter s'attache à le thématiser en le distinguant du *changement*, entendu comme passage d'un point A à un point B. Ainsi écrit-il dans *L'Innovation ordinaire* : « Il s'agit d'un flux de changements, celui des hommes et de leurs actions, dans lequel on peut repérer le point de départ, mais ni le point d'aboutissement, ni les contours, ni la durée nécessaire pour atteindre le point d'arrivée. L'état B n'étant donc pas définissable, on ne peut que décrire le mouvement issu de A. Ce mouvement ne peut *pas* être considéré comme *une série d'étapes* […]. Le mouvement est un *flux continu et dense*, charriant des éléments techniques, humains, économiques et organisationnels tellement

1. Alter, 2000, 4ᵉ de couverture.

variés et dynamiques qu'il est difficile de les présenter autrement que comme *un courant*. […] De ce point de vue, le changement ne serait que l'aboutissement de l'innovation. Mais celle-ci n'est jamais aboutie[1]. »

Tout se passe donc, selon Alter, comme si, loin de désigner une instance, une structure ou un *système* – une *substance* – qui se déplacerait d'un point A à un point B, l'entreprise se *constituait précisément et seulement* comme ce déplacement lui-même ou bien *comme un mouvement*, celui d'un « *courant* » ou encore d'un fleuve agité. Mais comment Alter conceptualise-t-il ce mouvement, hétérogène au changement ? Nous rencontrons ici une difficulté théorique importante : pour penser le mouvement qu'il décrit, Alter ne propose que des instances – ou des *substances* – ou bien des tensions entre instances (substances). Instances ou substances du *manager* et de l'*opérateur*, d'une part, dans la mesure où l'analyse d'Alter consiste, dans une large mesure, à rendre compte de la dynamique de l'entreprise depuis la tension entre deux logiques : celle de l'*organisation* et celle de l'*innovation* (ordinaire), logiques qu'il rattache respectivement au manager (organisation) et à l'opérateur (innovation ordinaire). Instances ou substances, d'autre part, des trois séquences dégagées – malgré tout – par Alter pour décrire le

---

1. Alter, 2000, p. 129. Nous soulignons.

mouvement de l'innovation : *invention*, *appropriation*, *institutionnalisation*. L'invention correspond à des décisions prises par les directions des entreprises pour modifier leur fonctionnement (nouveau système d'information, nouveau mode de management, etc.). L'appropriation, elle, désigne la transformation de ces décisions par les acteurs/opérateurs de terrain. Enfin, l'institutionnalisation (de l'innovation par les directions) correspond à l'intégration des pratiques innovantes – issues de l'appropriation – dans des règles d'organisation.

Mais comment serait-il donc possible de penser *comme tel* le mouvement dont il est ici question à partir d'instances de ce type ? En effet, celles-ci désignent des acteurs ou des moments mais elles ne sauraient à elles seules caractériser un « courant » agité ou un « flux continu et dense », tranchant, notamment, sur une « série d'étapes » (pour reprendre les termes d'Alter). Qu'Alter échoue ainsi sur le plan de la théorisation du mouvement, cela s'atteste également, pensons-nous, par la description *négative* du mouvement qu'il propose. *Désordonné, non finalisé* (ou finalisé par des objectifs contradictoires), *incessant* : ces qualifications alteriennes du mouvement sont certes légitimes – et nous pourrions y ajouter ces deux autres (également négatives et sur lesquelles nous reviendrons) : *impersonnel* (ou anonyme), *délocalisé*. Mais comment donc rendre compte de telles caractérisations ? Autrement demandé : comment conceptualiser *positivement* le mouvement ?

3. On se gardera de considérer que cette difficulté théorique est propre à la problématique d'Alter. À vrai dire, nous nous demandons si elle n'affecte pas – nécessairement – non seulement la sociologie mais également les sciences de l'homme *comme telles*, plus précisément : si elle ne désigne pas une incapacité, en effet, de ces dernières à penser un certain type de dynamique. Car penser comme tel un mouvement comme celui approché par Alter, cela n'exige-t-il pas de contester le primat de l'instance qui est peut-être au cœur des sciences de l'homme (qu'elles soient régies par la figure de la substance ou par celle de la situation) : l'homme précisément[1], ou du moins l'*acteur* (ou l'action)[2] ? Peut-on en effet décrire le flux agité des entreprises contemporaines sans conceptualiser son *impersonnalité*, à savoir, la manière dont il *déborde* les acteurs : sans décrire ce débordement et la singularité de l'*épreuve*[3] qu'il fait subir aux acteurs – dès lors *plus seulement acteurs* ?

1. Cf. Foucault, 2003.
2. Eddie Soulier nous a appris à ne pas confondre les théories de l'*acteur* et celles de l'*action* – théories que nous pourrions sans doute, jusqu'à un certain point, rattacher aux deux figures respectivement de la *substance* et de la *situation*.
3. On distinguera donc soigneusement le concept d'épreuve ici proposé et celui qu'une certaine sociologie – de l'épreuve – peut mobiliser (cette sociologie demeurant prisonnière, pensons-nous, de ce primat de l'acteur ou de l'action).

Précisons bien ici notre point de vue sur le mouvement. Si nous le « défendons », ce n'est que sur le plan *théorique*. Nous ne cherchons pas en effet à promouvoir *pratiquement* un mouvement impersonnel, débordant ou emportant les acteurs, mouvement qui, s'il peut susciter *innovation* (comme nous le verrons), est également à l'origine de certaines souffrances – ou *épreuves*. Notre propos est bien plutôt de considérer que nous ne parviendrons pas à prendre la mesure de ces souffrances si, théoriquement, nous ne nous attachons pas à établir leur lien constitutif avec le mouvement[1].

De ce point de vue théorique, il importe en particulier de soustraire le mouvement au concept qui caractérise peut-être la manière propre aux sciences de l'homme (sciences de l'éducation, sociologie, économie) de décrire des phénomènes dynamiques (individuels ou organisationnels) : le concept d'*apprentissage*. Ne peut-on penser que ce privilège de l'apprentissage (individuel ou organisationnel) tient à ce que ce concept désigne une dynamique préservant singulièrement le primat de l'acteur (cette dynamique – d'apprentissage – étant en

---

1. Selon Zarifian, ces souffrances tiennent d'abord, précisément, à la contradiction entre la teneur – mouvementée ou événementialisée – du travail *réel* et celle de l'évaluation – ou du *contrôle* – par les managers, qui repose sur des objectifs *prescrits à l'avance*, cette évaluation s'avérant, dès lors, incapable de reconnaître la réalité des *initiatives* prises pour *répondre* au mouvement. Cf. Zarifian, 2011.

effet propre à l'acteur lui-même)[1] ? Mais comment ce concept – et le geste d'*humanisation du mouvement* qu'il semble receler – pourrait-il rendre compte du fleuve agité que constitue le mouvement ? Impersonnel, désordonné, non finalisé, non localisé, incessant, celui-ci excède bien en effet, irréductiblement, le processus – plutôt personnel, ordonné, finalisé, localisé et comportant *a priori* un terme – que désigne l'apprentissage.

APPRENDRE DANS LE MOUVEMENT ?

1. Que l'apprentissage et le mouvement désignent deux dynamiques hétérogènes ne signifie pas que le mouvement interdit nécessairement l'existence de processus d'apprentissage. On peut même considérer qu'un problème de management aujourd'hui déterminant consiste, justement, à *articuler mouvement et apprentissage*, c'est-à-dire à mettre en place des conditions permettant le développement des compétences des acteurs dans des « situations » mouvementées, *a priori* bien peu propices à l'apprentissage. Zarifian formule ce problème différemment : de son point de vue, le management doit organiser non pas les conditions de l'apprentissage *dans* le mouvement, mais plus exactement celles de l'apprentissage *du* mouvement, cet auteur considérant que le mouvement peut et doit être exploité pour

---

1. Il faudrait questionner davantage ce privilège de l'apprentissage dans les sciences de l'homme. Qu'il nous suffise ici de rappeler combien, loin d'être réservé à la psychologie ou aux sciences de l'éducation, le concept d'apprentissage est aujourd'hui mobilisé par les sociologues et les économistes pour penser les dynamiques organisationnelles (concept d'apprentissage organisationnel) ou les évolutions du capitalisme contemporain (vers un capitalisme de la connaissance ou de l'apprentissage).

suciter apprentissage. Apprendre *dans* le mouvement ou apprendre *du* mouvement : dans les deux cas, il importe, au préalable, de soigneusement décrire *l'hétérogénéité du mouvement et de l'apprentissage* ; ce n'est que sur cette base théorique qu'il sera possible, ensuite, d'envisager de les articuler pratiquement.

2. De ce point de vue théorique, on peut faire valoir les trois ingrédients constitutifs du mouvement : l'*événement*, l'*agencement* et le *devenir*, et les opposer respectivement à trois dimensions souvent considérées comme essentielles au processus d'apprentissage :

– un *déséquilibre* (ou un conflit) cognitif, qui ne saurait être à la hauteur d'un événement ;

– un lieu et des liens pédagogiques *protégés*, impossibles dans un agencement (ou un rhizome) ;

– des *étapes*, lesquelles relèvent d'une trajectoire – selon le terme de Bergson – hétérogène au devenir.

1.2. Trois concepts philosophiques : l'événement, l'agencement, le devenir

1. De façon à conceptualiser positivement ce mouvement contemporain hétérogène à l'apprentissage, nous proposons de mobiliser la *philosophie française contemporaine du mouvement*. Au-delà de certains noms (en premier lieu : Badiou, Bergson, Deleuze, Derrida, François Jullien[1], Simondon), cette formule désigne,

1. La référence, ici, à ce sinologue surprendra peut-être. Et pourtant Jullien partage avec certains philosophes contemporains l'exigence de délimiter – et d'excéder – *la* philosophie (ou métaphysique) occidentale, la spécificité

de notre point de vue, une certaine manière contemporaine de penser, s'attachant à conceptualiser le mouvement en l'affranchissant du *mouvement dialectique* de Hegel (considéré comme un « *faux mouvement* »[1]). Notre examen de cette philosophie conduit à dégager *trois ressorts – et trois ressorts seulement – du mouvement* : l'*événement*, l'*agencement* et le *devenir*. Nous proposons ici de les définir en les rattachant chacun, de façon privilégiée, à un auteur, respectivement : Badiou, Deleuze et Bergson.

2. L'agitation du mouvement peut procéder, d'abord, d'un *événement*. C'est peut-être Badiou qui, chez les contemporains (du moins ceux ici étudiés), accorde le plus de poids au concept d'événement, même si tous semblent le requérir au moins dans une certaine mesure (à l'exception toutefois de Jullien, lequel le refuse en raison de son caractère éminemment occidental)[2]. Pour Badiou, l'événement désigne une *interruption imprévisible* de la situation (et de la continuité hégélienne) dont les *conséquences* – post-événementielles – vont conduire à transformer la situation. Badiou s'attache ainsi à penser non

de sa recherche tenant à ce que cette délimitation (et cet excès) suppose, chez lui, le détour par la pensée chinoise, jugée plus mouvementée, précisément, que la pensée occidentale. Dès lors, on ne s'étonnera pas de ce que les travaux de Jullien et d'un auteur comme Deleuze puissent se croiser. Cf. Jullien, 2004, p. 220 ; Deleuze et Guattari, 1991, p. 72.

1. Deleuze, 2004, p. 38, souligné par Deleuze.
2. Cf. Jullien, 2004, p. 75, 102.

seulement l'événement – lequel peut recouvrir une rencontre amoureuse, un moment historique, une découverte scientifique ou encore une invention artistique – mais aussi, et peut-être surtout, le *trajet* – aléatoire, errant (comme l'écrit Badiou) – de ses conséquences. L'événement désigne donc le « point de départ »[1] d'un mouvement *producteur*, produisant des conséquences – des *vérités* post-événementielles – qui se déploient le long d'un trajet ou d'une errance infini.

Cette philosophie ménage une place à un sujet authentique, qui s'institue face à l'événement : comme l'instance susceptible de *répondre* ou d'être *fidèle* à cet événement. Mais cette instance subjective est elle-même débordée par le mouvement post-événementiel, ne constituant qu'un *moment local* de son trajet[2].

3. L'agitation du mouvement peut également procéder d'*agencements*. Agencement : ce concept deleuzien nous semble conjuguer deux dimensions déterminantes. Tout d'abord, l'agencement agence des termes hétérogènes – par exemple l'homme, le cheval et l'étrier – et cet agencement s'affranchit aussi bien de leurs oppositions que de leur dépassement, de type hégélien, dans un terme de synthèse. L'essentiel concerne dès lors moins les dimensions agencées elles-mêmes (ou

1. Badiou, 1997, p. 45.
2. Cf. Badiou, 1988.

leur synthèse) que ce qui se passe *entre* elles, au *milieu* d'elles[1].

Mais cette première dimension ne suffit pas à distinguer Deleuze des penseurs de la situation (par exemple d'un Dewey dont on connaît la critique des dualismes : théorie/pratique ; sujet/objet). Une seconde dimension, décisive, de l'agencement fait ici la différence avec ces penseurs : l'agencement engage essentiellement, chez Deleuze, une *déterritorialisation* ou encore des *lignes de fuite*[2]. L'« entre » des dimensions agencées – ou leur point milieu – rend en effet possible une *fuite* (au sens où l'on dit qu'un tuyau fuit) ou une ligne de fuite, excédant tout point et ne valant précisément *que dans cette fuite* (plutôt que dans ce point milieu ou dans un éventuel point d'arrivée). L'agencement deleuzien a donc bien affaire à des situations ou à des territoires, mais essentiellement dans la mesure où il les ouvre ou les déborde – et les fait fuir.

4. L'ingrédient du *devenir* est le troisième qui émerge, selon nous, de la philosophie du mouvement ici étudiée. Le devenir ou la *durée* désigne, selon Bergson, un *élan*[3], lequel peut être pensé comme procédant d'une

1. Cf. Deleuze et Parnet, 1996.
2. Cf. *ibid.* ; Deleuze et Guattari, 1991. De ce point de vue, il est probable que le concept d'agencement doive être relayé par celui, également deleuzien, de *rhizome*.
3. Cf. Bergson, 2003.

potentialisation (ou d'une accumulation de potentiel).
Que l'on songe à la puissance d'une boule de neige
dévalant une pente (selon l'image de Bergson) ou à celle
d'un « torrent qui, dans son *élan*, est à même de char-
rier des pierres »[1]. De par sa puissance – sa « force interne explosive »[2] –, ce devenir excède nécessairement
– et ne cesse d'excéder – les *actualisations* de son potentiel : « Au stade de l'actualisation des choses, en effet,
le réel est devenu rigide[3]. »

Cette puissance du devenir est telle qu'elle est porteuse d'une *créativité* inédite ou encore d'« innovations »[4].
Dans la lignée directe de Bergson, on se gardera ainsi de
confondre le *potentiel* (ou encore le virtuel) et le *possible* : le déploiement du potentiel/virtuel relève en effet
d'une « *création continue d'imprévisible nouveauté* », et
non de la réalisation d'un possible – ou « d'un *programme* »[5] – *déjà là*. Qu'il y ait un devenir – continu –
n'interdit donc nullement que ce devenir recouvre
également de l'hétérogénéité ou de l'imprévisible. Loin
de relever d'un processus foncièrement déterminé par
son point de départ (comme c'est probablement encore le cas chez Hegel ou, en science, dans la physique

1. Jullien, 2004, p. 33. Nous soulignons.
2. Deleuze, 2004, p. 97.
3. Jullien, 2004, p. 155-156. Nous soulignons. Cet *excès* du devenir sur
   l'actualisation est très net chez Simondon et chez Deleuze (c'est même
   cet excès qui, chez ce dernier, définit l'*événement* comme tel).
4. Deleuze et Parnet, 1996, p. 137.
5. Bergson, 2005, p. 115, 114. Nous soulignons.

newtonienne) ou par son point d'arrivée (comme dans le finalisme), le devenir recèle en effet, comme tel, de la nouveauté : il ne cesse d'innover. Comme l'événement, le devenir est bien porteur d'une « nouveauté radicale »[1], mais celle-ci, loin de procéder d'une *rupture* ponctuelle – événementielle –, émerge incessamment d'un élan créateur.

5. Événement, agencement, devenir : chacun de ces trois ingrédients est de notre point de vue porteur d'une dimension spécifique. Nous distinguerions ainsi volontiers la *hauteur* de l'événement, la *largeur* de l'agencement et la *longueur* du devenir : toutes trois désignent bien une manière spécifique d'excéder les deux dynamiques recouvertes par l'apprentissage et le mouvement dialectique hégélien. Il convient donc, finalement, de considérer non pas *une* philosophie du mouvement mais plutôt *trois types de philosophie du mouvement* selon que celui-ci est caractérisé prioritairement comme événement, agencement ou devenir.

Dès lors, il est possible d'étudier les divergences entre nos philosophes du mouvement en fonction du poids respectif qu'ils accordent à ces trois ingrédients. Par exemple : l'*événement* détermine-t-il, de l'extérieur, le *devenir* (Badiou, Simondon) ou est-il bien plutôt intégré à sa dynamique (Bergson, Deleuze) ? Le *devenir*

1. Bergson, 2005, p. 105.

est-il pur (à la manière d'une mélodie, selon une autre image de Bergson) ou est-il plutôt déterminé par l'*agencement* de forces *hétérogènes* (Deleuze) ? Il est également possible d'examiner combien certaines philosophies *combinent* singulièrement ces trois ingrédients. Ainsi, Simondon – en s'appuyant sur le paradigme chimique de la cristallisation – pense *la dynamique d'individuation* en conjuguant le double effet d'un potentiel métastable (ingrédient du devenir) et d'un germe déclenchant son déploiement et conférant sa singularité à l'individuation (ingrédient de l'événement)[1]. Plus encore, il semble que, chez Simondon, ce potentiel métastable procède d'un champ de tensions préindividuelles – lesquelles paraissent relever de l'ingrédient de l'agencement.

1.3. Les trois dimensions du mouvement contemporain ?

1. Reprenons, sur cette base, notre analyse des organisations contemporaines. Quelle légitimité accorder, de ce point de vue, aux trois dimensions que nous venons d'identifier ? Nous pouvons d'emblée souligner qu'elles résonnent tout particulièrement avec certains des travaux sociologiques mentionnés plus haut. Revendiquant explicitement son lien avec cette philosophie du mouvement – et notamment avec

1. Cf. Simondon, 2005, p. 79-80.

Badiou et Deleuze –, Zarifian peut probablement être considéré comme un sociologue de l'*événement*. Il semble bien en effet estimer que l'activité en entreprise est aujourd'hui essentiellement une activité de *réponse* à des événements singuliers (typiquement : un nouveau client, une panne) : « Le cœur du travail moderne réside précisément dans les situations événementielles[1]. » On peut également, sans difficulté, rattacher la recherche de Latour à la philosophie de Deleuze. Comme le suggère Latour lui-même, les réseaux socio-techniques qui configurent, selon lui, les projets d'innovation ont en effet une forme très proche de celle des agencements (ou des rhizomes) deleuziens[2]. Enfin, on pourrait probablement montrer combien les descriptions du mouvement proposées par Alter tendent à combiner les trois dimensions à la fois. Comme première séquence (ou premier moment) de l'innovation, l'*invention* alterienne semble être de l'ordre d'un événement, susceptible d'engendrer le mouvement désordonné de l'innovation. Ensuite, les idées de « courant », de « flux continu et dense » – qui, selon Alter, ne sauraient désigner « une série d'étapes » – paraissent relever de la dimension du devenir. Enfin, l'insistance alterienne touchant les conflits de temporalités en entreprise paraît renvoyer

1. Zarifian, 2004, p. 68.
2. Cf. Latour, 1992, p. 45.

à l'agencement et aux termes hétérogènes qu'il peut conjuguer.

2. Ces trois dimensions permettent, de surcroît, de rendre compte des adjectifs négatifs mobilisés pour qualifier le mouvement. Toutes trois impliquent bien ainsi un *désordre* et une *non-finalisation* du mouvement – ces deux traits se condensant peut-être dans l'*imprévisibilité* de celui-ci. Toutes trois impliquent également une *incessance* (que cette incessance soit post-événementielle, propre aux agencements ou à l'élan d'un devenir). Sans doute faut-il également préciser que l'*anonymat* du mouvement – qui tient à ce que ce dernier, loin d'engager une *instance* (ou un sujet) qui serait *mobile*, *déborde* les instances ou les sujets quels qu'ils soient (acteur individuel ou collectif) – est *a priori* plus porté par l'agencement et le devenir que par l'événement. En effet, ainsi que nous l'avons suggéré, celui-ci sollicite des *répondants* : des sujets capables de tirer les conséquences de sa singularité. Enfin, nous reviendrons sur la non-localisation du mouvement (et de ces trois dimensions) en soulignant l'hétérogénéité des figures du mouvement et de la situation.

Ces trois dimensions semblent donc bien pertinentes du point de vue de la théorisation du mouvement contemporain. Éprouvons cette pertinence à travers l'étude de trois cas.

2. Trois cas

1. Attester de la nécessité de comprendre l'agitation des organisations contemporaines selon les trois concepts de l'événement, de l'agencement et du devenir : tel est l'objectif des trois études de cas qui suivent. Chacune de ces études a été retenue parce qu'elle illustrait exemplairement l'un de ces trois concepts.

Dans chaque description empirique proposée, nous privilégions les éléments indiquant non seulement la teneur du mouvement mais également la manière dont les acteurs s'en sortent (ou non) dans ce mouvement ; nous cherchons ainsi à accéder aux *épreuves* qu'ils doivent surmonter.

2. C'est à ce stade que notre recherche – articulant concepts philosophiques et travail empirique – est proche d'une pratique sociologique. On se gardera toutefois de surévaluer le statut proprement scientifique ou sociologique de ce qui suit, du moins concernant les deux cas correspondant aux deux dimensions de l'événement et du devenir (pour le cas attaché à l'agencement, nous nous appuyons en effet, précisément, sur la recherche d'un sociologue : Latour). Car, touchant ces deux cas, cette analyse non seulement procède d'une

visée de type *philosophique* (visant à établir la nécessité de la figure du mouvement), mais relève également d'une reconstruction *a posteriori* des entretiens effectués. En effet, le travail empirique conduit sur ces deux terrains ne l'a pas été dans un objectif scientifique (ou philosophique) : il s'agissait en fait, initialement, d'interroger ces terrains pour examiner la pertinence – ou non – de projets, alors à l'étude, de formations professionnalisantes. À vrai dire, notre approche en termes de mouvement était, à l'époque, pour l'essentiel inexistante ; ce n'est que plus tard qu'il nous a paru nécessaire de comprendre ces cas en de tels termes.

Il demeure que nous estimons ici ouvrir la voie à une sociologie rigoureuse, qui s'attacherait à questionner les *épreuves*[1] *du mouvement* auxquelles doivent faire face – et *répondre* – les acteurs et les ingénieurs contemporains.

2.1. Les conséquences d'un événement dans un site de production

1. Présentation du cas et de son étude

1. Ce cas concerne le site de production de photocopieurs (environ 300 personnes) d'une entreprise TS dont la maison-mère est au Japon. Ce site a connu dans

---

1. Cet *usage* sociologique – *depuis la figure du mouvement* – du concept philosophique d'épreuve pourra-t-il accéder au *débordement* de l'acteur comme tel qu'engage ce concept ?

les années 2000-2005 plusieurs changements organisationnels transformant l'activité des opérateurs, en particulier la mise en place d'*équipes autonomes*. Lors de notre dernière rencontre (en 2006), le site et ses opérateurs se préparaient à assumer directement les relations avec les clients.

2. Cette étude de cas procède de deux visites du site de production, au cours desquelles nous avons eu plusieurs entretiens avec le responsable de production, le responsable qualité, des opérateurs et des *sub-leaders* du site. Lors de notre seconde visite, notre entretien avec le responsable de production a été filmé et a donné lieu à une vidéo d'une vingtaine de minutes. C'est de cet entretien filmé que sont issus la plupart des éléments qui suivent.

2. *Éléments empiriques*

1. Le responsable de production relate le changement dans l'organisation de la production initié par le patron du site au retour de l'une de ses visites au siège de la maison-mère japonaise : « *le jour où mon patron est revenu du Japon* ». Le changement préconisé par le patron (et la maison-mère) consiste à transformer les *lignes* de production de photocopieurs en « U », la forme de cette lettre configurant un fonctionnement non plus en

lignes (ou à la chaîne) mais en *équipes autonomes*. Pour le responsable de production, habitué au fonctionnement en lignes, ce changement est très important : « *Avant que j'encaisse et que je mette en œuvre, il y a eu un p'tit bout de temps […] il y a eu une rupture chez moi […] du jour au lendemain, il fallait que je change ma façon de procéder […] une sorte de trou noir […] il a fallu que moi aussi je me fasse violence en quelque sorte.* »

Les acteurs du site décident de faire face à cette décision de changement en mettant en place un groupe de travail *ad hoc* – réunissant des responsables et certains opérateurs (« *des opérateurs particuliers, capables de se remettre en cause, de travailler en groupe* ») –, chargé d'examiner, d'expérimenter et de déployer cette réorganisation. Notre responsable de production décrit en ces termes le fonctionnement de ce groupe : « *… des remises en cause continuelles et sans cesse, on n'est jamais assis de façon stable, on est toujours en mouvement en quelque sorte à partir du moment où on entreprend une démarche comme celle-ci.* » Concrètement, ce groupe teste différentes organisations alternatives – différentes lettres de l'alphabet – avant de reconnaître qu'effectivement c'est l'organisation en « U », préconisée par le patron et les Japonais, qui paraît la plus efficace.

2. Cette transformation de l'organisation de la production conduit à l'institution d'un nouveau rôle : celui

de *sub-leader*. Opérateurs pour la moitié de leur temps, les sub-leaders sont à la fois les animateurs des nouvelles unités autonomes de travail et les courroies de transmission entre les opérateurs et les leaders. Ils sont officiellement dépourvus de toute responsabilité hiérarchique, même si, d'après nos entretiens avec quelques opérateurs, ils ne sont pas nécessairement perçus ainsi par ces derniers.

Selon le responsable de production, deux ans ont été nécessaires pour « *trouver* » et positionner correctement ce nouveau rôle dans l'entreprise : « *Si mes patrons vous en parlent, ils vous diront que cela a été beaucoup trop long.* » Ce travail a notamment exigé la définition et la mise en œuvre d'une formation spécifique des sub-leaders (formation à des outils comme l'analyse transactionnelle). Nos entretiens avec quelques sub-leaders et opérateurs semblent montrer que ce rôle reste très difficile à tenir, sans doute parce que les sub-leaders sont, comme le dit le responsable de production, « *pris le c… entre deux chaises* » ou, selon les termes d'un opérateur interviewé, « *pris dans un étau* » entre les opérateurs et les leaders (responsables de la production/productivité) ; il est significatif, de ce point de vue, que même des opérateurs jugés autonomes et polyvalents (par le responsable de production) se refusent, semble-t-il, à vouloir endosser ce rôle.

3. Éléments d'analyse

1. La compréhension de ces éléments empiriques requiert, selon nous, une analyse en termes de mouvement et, plus précisément, d'*événement* au sens de Badiou et de Zarifian.

Tout d'abord, le responsable de production décrit bien une rupture soudaine, qu'il n'avait pas prévu : de retour du Japon, son patron lui demande de transformer le dispositif de production. Que cette rupture soit bien événementielle pour le responsable de production – dès lors face à une *épreuve* –, ses propos l'indiquent : « *il y a eu une rupture chez moi* », « *une sorte de trou noir* ».

Plus encore, conformément aux théories de Badiou et de Zarifian, cet événement exige une *réponse* significative et l'institution d'un *nouveau sujet* : un *répondant* capable de tirer les conséquences de cet événement. Ce nouveau sujet désigne, en premier lieu, le *collectif* ad hoc – pris dans le mouvement (« *on est toujours en mouvement* ») –, institué pour permettre l'« appropriation » de l'événement. Il désigne, ensuite, le sub-leader, rôle *inventé* dans ce processus post-événementiel. Ainsi que le souligne Badiou, ces deux sujets-répondants, institués spécifiquement par ou selon l'événement, ne s'inscrivent plus – ou plus aisément – dans les catégories qui valaient avant l'événement (en particulier, le sub-leader fait-il partie de la maîtrise ou bien est-il encore opérateur ?).

Enfin, toujours conformément à la philosophie de Badiou, les conséquences – ou le mouvement – post-événementiels paraissent bien relever d'un *trajet* imprévisible, peut-être infini ou errant. Ce trajet non seulement a impliqué la longue institution – par une formation spécifique – d'un nouveau rôle (le sub-leader), dont il est difficile de savoir s'il est pérenne ou non, mais il conduisait, lors de notre dernière visite, à une nouvelle réorganisation désormais centrée sur le client.

2. Peut-être estimera-t-on que ce processus devrait s'analyser selon le point de vue d'Alter (et les trois phases d'invention, d'appropriation et d'institutionnalisation qu'il dégage) ou selon une théorie de l'apprentissage (individuel et organisationnel). Mais, aussi utiles soient-elles, ces approches ne peuvent que masquer la singularité de l'événement ici considéré et de ce qu'il génère, comme nous l'avons vu, en termes d'épreuve, de nouveaux sujets – ou de *réponse collective* (nous y reviendrons) – et de trajet imprévisible.

2.2. LES AGENCEMENTS D'UN PROJET D'INNOVATION

1. Présentation du cas et de son étude

1. Ce deuxième cas est ici traité non pas à partir d'une étude et d'entretiens que nous aurions nous-mêmes

conduits mais sur la base des analyses sociologiques de Latour consignées dans son livre *Aramis ou l'amour des techniques*. Si nous mobilisons ici ce travail, c'est parce que, comme nous l'avons suggéré, Latour propose lui-même une théorie de l'innovation en termes de mouvement, ou du moins de *réseau socio-technique mouvementé*.

2. Dans ce livre, Latour raconte l'enquête d'un jeune ingénieur et d'un professeur de sociologie touchant l'échec d'un projet innovant de moyen de transport : « Aramis (acronyme de "Agencement en rames automatisées de modules indépendants dans les stations") »[1]. Ce moyen de transport vise à combiner de façon originale les propriétés du métro et de la voiture. D'une part, il assemble bien en rames, comme un métro, des modules comparables à des cabines, Aramis présentant dès lors les avantages d'un transport public. Mais, d'autre part, chacun de ces modules est indépendant et peut, au gré des besoins des utilisateurs, se détacher des autres modules (et de la rame) de façon à assurer, comme une voiture, une desserte fine.

Le principe technique de ce moyen de transport est décrit comme un *attelage immatériel* des cabines (dès lors effectivement autonomes et susceptibles de se « détacher » les unes des autres), le lien immatériel entre

1. Latour, 1992, p. 9.

celles-ci – lien déterminé par une distance (ou une proximité) – étant calculé en temps réel (par un système de radar).

Le déroulement du projet s'est effectué de 1970 à 1988, date de son abandon, à laquelle il a été demandé à Latour et au Centre de sociologie de l'innovation de l'École des mines de rendre compte des raisons de cet échec. Les partenaires principaux de ce projet sont la RATP, le ministère des Transports, l'entreprise Matra et la région Ile-de-France.

2. Éléments empiriques

Nous ne saurions mentionner ici tous les « événements » du projet relatés par Latour. Soulignons en deux, particulièrement significatifs du point de vue de l'analyse latourienne.

Le premier, en 1973, correspond à une démonstration publique – ratée – d'Aramis. Un ingénieur de la RATP raconte : « *Tout marchait bien avant. Évidemment, comme toujours, le jour de la démonstration publique, ça n'a pas marché. On avait voulu faire tout bien, tout automatique, sans truquage, rien ne marchait[1].* »

Le second, en 1984, correspond à la signature, par les partenaires principaux du projet, d'un « protocole d'accord relatif à la réalisation du centre d'expérimentation

1. Latour, 1992, p. 54.

technique et à la qualification du système de transport Aramis »[1]. L'enjeu est d'assurer la « poursuite du développement » du système Aramis, laquelle « implique maintenant que l'on réalise en site réel les essais du système devant conduire à sa qualification »[2]. Le protocole stipule un délai de vingt-sept mois pour dresser un bilan sur les performances d'Aramis, bilan à l'aune duquel les partenaires « étudieront […] l'opportunité de lancer les études d'industrialisation du système »[3].

La signature de ce protocole n'indique cependant pas que le projet est sur la route du succès. Du point de vue technique comme du point de vue du partenariat (et des collaborations) engagé dans le projet, la complexité de celui-ci reste très importante ; un de ses acteurs indique ainsi : « *Finalement, je crois que tout le monde nageait […]. À mon avis, les ingénieurs […] nageaient pour ne pas couler*[4]. » Quelques mois après, de fait, le projet s'arrête.

Ajoutons, enfin, que, durant toutes ces années, plusieurs caractéristiques d'Aramis – telles que son lieu d'implantation, sa taille et le nombre de voyageurs qu'il peut transporter – ont subi des variations. Mais le principe même d'Aramis – l'attelage immatériel – n'a, durant tout le projet, jamais été remis en cause.

1. Latour, 1992, p. 155.
2. *Ibid.*, p. 156.
3. *Ibid.*
4. *Ibid.*, p. 181.

3. *Éléments d'analyse*

1. Toute l'analyse de Latour peut être considérée depuis la figure du mouvement : de son point de vue, si le projet Aramis a échoué, c'est parce qu'il n'a pas réussi à s'accommoder au mouvement du réseau socio-technique de l'innovation. En effet, selon Latour, le mouvement de l'innovation, considérée depuis un « modèle *tourbillonnaire* » — tranchant sur un « modèle linéaire »[1] —, agite une forme particulière : celle du réseau socio-technique, considéré, précisément, comme un *réseau mouvementé d'actants hétérogènes* — l'innovation se définissant dès lors comme la *constitution incessante* d'un tel réseau. Réseau mouvementé, actants hétérogènes : précisons ces formules et leur signification touchant le cas d'Aramis.

Actants hétérogènes tout d'abord : en rupture avec la « sociologie classique »[2], la sociologie de Latour accorde un poids *a priori* équivalent aux humains et aux non-humains, le terme d'*actant* recouvrant ces deux registres à la fois. Précisément, ce qui importe de son point de vue — conformément à l'idée d'agencement de Deleuze —, ce sont les *liens* qui sont susceptibles de s'établir entre ces actants hétérogènes (humains et non-

1. Latour, 1992, p. 103. Nous soulignons.
2. *Ibid.*, p. 163.

humains). L'analyse de Latour porte ainsi essentiellement sur les *attachements* qui s'établissent, ou se défont, entre actants, sur les négociations qui s'opèrent,
ou non, *entre* eux, ou encore sur la manière dont ils
peuvent être *intéressés*, ou non, les uns aux autres. De
ce point de vue, son étude d'Aramis souligne combien cet actant que désigne le principe technique
d'Aramis n'a jamais été négocié – et dès lors trans-
formé – au cours du projet. Tel est, semble-t-il, pour
Latour, le facteur principal d'échec du projet : l'incapacité de celui-ci à négocier l'attelage immatériel,
lequel s'est, dès lors, avéré être le principe *pur* et im-
muable du projet[1]. Tout s'est passé comme si celui-ci
n'avait pas osé négocier ou *agencer* son idée initiale, ce
non-attachement interdisant la constitution du réseau
socio-technique de l'innovation.

Réseau mouvementé ensuite : selon Latour, la difficulté
de l'innovation ne tient pas seulement à la constitution
d'agencements, d'attachements ou de liens entre actants
hétérogènes. Elle tient aussi à ce que ce « travail d'inté-
ressement *ne cesse jamais* »[2]. Cette incessance découle en
particulier de ce que les liens constitutifs du réseau de
l'innovation demeurent de « fragiles passerelles »[3], *toujours* en passe de se défaire ou d'être emportés dans le

1. Cf. Latour, 1992, p. 24, 99, 103-107.
2. *Ibid.*, p. 78. Nous soulignons.
3. *Ibid.*, p. 150.

mouvement[1]. C'est cette fragilité irréductible qui explique, selon Latour, la démonstration ratée en 1973, démonstration à propos de laquelle il écrit : « On mesure toute la difficulté de l'innovation à ce qu'elle assemble au même lieu et dans la même combinaison une population de gens intéressés, dont une bonne moitié est *prête à déserter tout à fait*, et un dispositif de choses, dont la plupart sont *prêtes à tomber en panne*[2]. » De la même façon, la signature en 1984 d'un protocole d'accord lançant un centre d'expérimentation technique, témoigne en réalité, selon Latour, non pas d'un réseau enfin stabilisé d'acteurs/actants mais bien plutôt d'un compromis fragile[3].

Comme dans le cas précédent de TS (et comme dans le cas suivant de DC), le mouvement se traduit donc bien par une *incessance* et par une *imprévisibilité*[4]. Mais ici celles-ci se comprennent non pas événementiellement[5] (ou selon un devenir créatif, tel celui que nous examinerons dans le cas de DC), mais à même un réseau sociotechnique dont les liens *ne cessent, imprévisiblement, de se défaire ou de se modifier*[6].

1. Il faudrait questionner le rapport entre cette idée latourienne d'un réseau socio-technique fragile et l'insistance deleuzienne sur la manière dont les agencements *fuient* ou relèvent d'une essentielle déterritorialisation.
2. Latour, 1992, p. 56. Nous soulignons.
3. Cf. Latour, 1992, p. 157.
4. Cf. *ibid.*, p. 118, 129.
5. Sauf à entendre par événement, un attachement (ou un détachement) dans le réseau de l'innovation – définition qui, de notre point de vue, rabat l'événement sur l'agencement.
6. Cf. *ibid.*, p. 78.

2. Latour souligne combien les différents acteurs d'Aramis ne sont pas armés pour évoluer et « *survivre* » dans ce réseau tourbillonnant : pour *répondre* au « mouvement même de négociation, d'incertitude »[1] qui l'agite. Les conséquences peuvent être douloureuses : « les acteurs, grands ou petits, sont *perdus* dans l'action », perdus dans le « labyrinthe »[2] du réseau sociotechnique – et cette *épreuve* s'apparente bien à une forme de *noyade dans le mouvement* : « *À mon avis, les ingénieurs [...] nageaient pour ne pas couler.* »

2.3. Le devenir d'un projet logiciel[3]

1. Présentation du cas et de son étude

1. La société coopérative DC est spécialisée dans le développement et la commercialisation de logiciels « scientifiques » de modélisation/simulation (par exemple de fluctuations hydrométriques). Fondée en 1994, cette PME de l'Oise compte vingt salariés en très grande majorité issus d'une formation d'ingénieur en mécanique et/ou informatique. Ses activités sont valorisées par deux régimes d'affaire différents : le *service* qui vise à offrir une prestation sur mesure à un client unique et le

1. Latour, 1992, p. 146 (nous soulignons), 231.
2. *Ibid.*, p. 149 (nous soulignons), 180.
3. L'examen de ce cas a donné lieu à un travail collectif. Cf. Choplin et al., 2011.

produit qui, à l'inverse, vise une standardisation et une diffusion la plus large possible.

L'intégralité des activités de la société est organisée en mode projet. Chaque équipe projet regroupe deux ou trois développeurs et un chef de projet, dont la mission principale, dans les activités de service, est d'assurer l'interface entre le développement technique interne et les exigences du client externe.

2. Cette étude de cas a été conduite par l'intermédiaire d'entretiens (trois entretiens semi-directifs de deux heures, retranscrits) auprès d'un chef de projet senior, co-fondateur de la société.

2. *Éléments empiriques*

1. Dans les projets de *service* de DC, le développement initial s'appuie sur un cahier des charges fonctionnel co-validé par le client et le chef de projet. Mais, loin de cristalliser un état stabilisé et exhaustif de la demande, il ne constitue qu'un point de départ pour de nombreuses révisions. Ainsi, faisant le bilan d'un projet en cours de clôture, le chef de projet précise : « *Sur 150 fonctions décrites dans le cahier des charges, 100 ont évolué, 25 abandonnées.* » De fait, l'anticipation initiale des besoins et de leur traduction fonctionnelle s'avère en général presque impossible : « *C'est un exer-*

cice très compliqué de faire ça, très compliqué. » Dès lors, le rôle initial du chef de projet envers les clients consiste à leur faire comprendre qu'« *ils ont intérêt à accepter que rien ne va se passer comme c'est prévu sur le papier* ».

Cette évolutivité *incessante* de la demande – « *le client n'arrête pas d'évoluer* » – impose une certaine pression sur l'équipe de développement : « *Les gens qui font la réalisation, qui savent bien qu'on travaille dans un budget limité et qui voient qu'ils ne vont pas y arriver, ils ne se sentent pas bien.* » À l'inverse, le régime du *produit*, bien moins dépendant d'évolutions attachées aux exigences d'un client, apparaît beaucoup plus « *confortable* » : « *Le produit c'est confortable.* […] *On vous lâche.* »

2. Face à cette instabilité de la demande du client, l'action de l'équipe projet et de son chef repose sur deux pratiques complémentaires : la réalisation de versions intermédiaires du logiciel et l'actualisation du *chiffrage*.

Les versions intermédiaires, tout d'abord, sont là pour « *un petit peu parer les dégâts* » : non seulement elles cristallisent l'avancée du développement du logiciel, mais elles rendent possible l'expression de la demande (évolutive) du client. Ainsi, elles permettent que le client « *apprécie si les choses vont bien dans le bon sens* […] [à propos d'un projet] *on devait donner quatre versions intermédiaires, on en est à la treizième* ».

Concernant le chiffrage – chiffrage du temps de développement et des coûts associés au logiciel développé –, il est effectué pour la première fois après la première expression des besoins du client. Celle-ci conduit en effet le chef de projet à proposer « *un chiffrage des différentes possibilités* » de développement, chacune ayant, pour le client, des avantages et des inconvénients (une possibilité intéressante du point de vue de l'usage pouvant typiquement s'avérer très « chère » du point de vue de son temps de développement). Une option est finalement retenue lors d'une « *réunion* » avec le client « *où là on décide vraiment ce qu'on fait* ». Mais, tout comme le cahier des charges, ce chiffrage initial est loin d'être figé. Ainsi, notre chef de projet explique à propos d'un projet : « *On n'a pas fait du tout ce qui était prévu au départ parce qu'on découvrait sans cesse de nouvelles choses. […] On a fait plusieurs fois des séances de chiffrage des nouvelles fonctions* », chacune de ces séances donnant lieu à l'élaboration et à l'analyse de nouvelles possibilités de réalisation.

3. *Éléments d'analyse*

1. Le mouvement qui agite cette PME et ses projets de service ne se comprend ni selon la hauteur d'un événement, ni selon la largeur d'un agencement (ou d'un réseau socio-technique) : il relève bien plutôt de

la *longueur* d'un *devenir* qui s'avère à la fois *imprévisible* – il est « *très compliqué* » d'anticiper les besoins du client – et *incessant* – ces besoins ne cessent d'émerger et de se modifier (« *le client n'arrête pas d'évoluer* »). Tout se passe comme si le projet était porté par un *élan* – de type bergsonien – dont la *puissance*, inarrêtable, produisait de façon incessante des *créations* inanticipables : « *on découvrait sans cesse de nouvelles choses* » (et il faudrait examiner en quoi cette incessance est dépendante de la nature – logicielle – du développement ici réalisé). À l'œuvre dans ce type de projet, cette puissance créatrice (et ce qu'elle implique) ne saurait être appréhendée par un cadre théorique non mouvementé, comme celui de l'enquête proposé par Dewey (lequel pourrait cependant s'avérer ici partiellement pertinent pour questionner les *situations* des projets de DC).

2. Comment les acteurs de cette PME vivent-ils ce devenir des projets ? Dans les projets de *service* – bien différents des projets dits de *produit*, plus confortables –, les exigences du client non seulement débordent ces acteurs mais *ne cessent de les déborder*. C'est cette incessance inanticipable d'une puissance créatrice (qui déborde également, probablement, le client lui-même) – combinée à la contrainte d'un budget (ou d'un planning) *a priori* fixé – qui semble expliquer que les développeurs en charge de la réalisation du logiciel « *ne*

se sentent pas bien » – et nous touchons ici, à nouveau, avec cette dimension affective, au registre de l'*épreuve*.

Bien entendu, les acteurs, ainsi débordés ou emportés, s'attachent à proposer une *réponse – collective –* à cette incessance imprévisible, cette réponse s'incarnant dans des versions intermédiaires – censées « *un petit peu parer les dégâts* » – et des chiffrages. Mais l'élan du projet emporte ces réponses elles-mêmes (comparables à des actualisations du devenir, toujours dépassées par celui-ci) – lesquelles se doivent d'être ré-actualisées de façon incessante : « *On a fait plusieurs fois des séances de chiffrage des nouvelles fonctions.* »

2.4. Bilan sur les trois cas

1. Que notre cadre théorique mouvementé soit nécessaire pour analyser la réalité des organisations contemporaines, voilà qui paraît bien acquis au terme de ces trois études. Dans chacune d'entre elles, il s'est ainsi agi de prendre la mesure d'un mouvement singulier qui, loin d'être – comme l'est le *changement* (au sens d'Alter) – subordonné à des substances ou des identités (préalables ou finales), semble bien constituer en profondeur les organisations étudiées elles-mêmes (TS, Aramis, DC). De ce point de vue, le poids de l'*incessance* – du « cela n'arrête pas » – identifié sur les trois terrains paraît particulièrement significatif. Nous l'avons

suggéré : les cadres théoriques de la sociologie classique, de l'apprentissage ou même d'Alter et de Dewey ne sauraient rendre pleinement compte de ce mouvement contemporain.

2. Il demeure que l'analyse que nous avons proposée de ces trois cas pourrait prêter à discussion. Par exemple, ne pourrait-on considérer le cas de DC non pas seulement depuis l'ingrédient du devenir mais aussi depuis celui de l'*agencement* – agencement ou réseau socio-technique attachant le client, les développeurs et le chef de projet mais aussi les versions intermédiaires et les chiffrages ? L'évolution incessante des projets de service de DC ne tient-elle pas – aussi – à la fragilité des liens constitutifs de cet agencement ?

En tous les cas, ce type de questionnement confirme que penser en termes de mouvement rend possible la formulation de problèmes spécifiques : problèmes théoriques (engagés, comme nous l'avons suggéré, par la confrontation des trois types de philosophie du mouvement) mais aussi problèmes d'analyse de terrains, en termes d'événement, d'agencement ou/et de devenir. Sur ces deux plans – théorique et empirique –, il est indispensable de bien maintenir, au sein de cette pensée – ou de cette figure – du mouvement, la spécificité de nos trois catégories, irréductibles les unes aux autres : événement, agencement, devenir. Mais tenir bon sur cette spécificité n'interdit pas, bien au contraire, de les *combiner* : de conjuguer leurs apports spécifiques, en particulier pour comprendre l'agitation ou le mouvement d'un terrain donné. Il y a là, pensons-nous, de quoi renouveler – dans la lignée des recherches de Latour et de Zarifian – les perspectives sociologiques envisageables touchant l'analyse du travail contemporain.

3. La figure du mouvement

3.1. Une figure de pensée…

1. La figure du mouvement : voilà, finalement, ce que nous avons construit dans ce deuxième chapitre, notamment à travers l'étude de nos trois cas. Mais que recouvre exactement cette figure ? Précisons d'abord qu'elle désigne, tout comme la figure de la situation, une figure de *pensée* : on la distinguera donc soigneusement de la *réalité* du mouvement. Certes, c'est bien cette réalité, en particulier celle constatée dans nos trois cas, qui nous conduit, dans ce chapitre, à reconnaître l'insuffisance des figures de la substance et de la situation et, partant, la nécessité de la figure du mouvement (de la même façon que c'est la spécificité de la posture de conception de l'ingénieur qui nous a conduit à requérir la figure de la situation). Sans celle-ci, sans les concepts d'événement,

d'agencement, de devenir qui la constituent, nous ne serions pas en effet en mesure de décrire cette réalité (ou du moins de la décrire dans son ampleur ou sa singularité). Mais cette figure et ces trois concepts engagent d'abord une manière spécifique et autonome de penser, conduisant, comme nous l'avons suggéré, à *forger de nouveaux problèmes*, théoriques et empiriques. Que l'on songe à l'exigence singulière de pensée habitant ces philosophes du mouvement qui, tels Bergson ou Jullien, soulignent combien, en excédant notre intelligence, la science comme telle ou encore notre façon de penser occidentale, le mouvement (ou le devenir) sollicite l'ouverture, par et pour la pensée, d'une nouvelle voie.

2. Comment donc qualifier le statut de cette manière spécifique de penser – et, plus largement, celui de nos trois figures de pensée : du mouvement, mais aussi de la situation et de la substance ? Ces figures ne sont pas rattachées à des types particuliers d'objet ou de réalité. Si nous avons forgé la figure du mouvement en examinant des cas d'organisations contemporaines, cette figure – *a priori* en affinité avec les phénomènes dynamiques ou agités en général[1] – est susceptible de

1. Il demeure que, de notre point de vue, de tels phénomènes peuvent probablement être également étudiés – de façon complémentaire – selon les figures de la situation et de la substance. Inversement, des phénomènes peu mouvementés, stables (ou stabilisés), peuvent aussi être compris selon la figure du mouvement (ce qui pourrait conduire à

se déployer, pour en rendre compte, sur bien d'autres réalités (nous l'avons, pour notre part, déjà exploitée pour examiner la dynamique de la terreur pendant la révolution française ou l'absence de mouvement innovant dans l'enseignement supérieur français). Cette figure de pensée – tout comme celle de la situation ou de la substance – n'engage donc pas simplement une *théorie*, portant sur un type d'objet particulier (par exemple sur le travail contemporain). De surcroît, nos trois figures ne sauraient être rattachées à des disciplines. Bien sûr, nous avons ici forgé la figure du mouvement en mobilisant une certaine sociologie – de la puissance (Zarifian)[1] ou « relativiste »[2] (Latour) –, soucieuse de renouveler la sociologie classique. Sans doute cette figure pourrait-elle ainsi donner lieu à *une théorie sociologique inédite du travail contemporain* (de la même façon que la figure de la situation pourrait peut-être donner lieu à une théorie épistémologique originale de l'ingénieur), mais ce ne serait là qu'une des conséquences possibles de son déploiement, lequel ne saurait se restreindre *a priori* à la sociologie, aussi renouvelée soit-elle (ou bien à la philosophie ou à toute autre discipline).

formuler des questions du type : comment rendre compte de la stabilité/stabilisation depuis le mouvement ?).
1. Cf. Zarifian, 2008.
2. Latour, 1992, p. 163.

3. Le concept épistémologique le plus à même, peut-être, de caractériser ces figures est celui, proposé par Lakatos, de *programme de recherche* (sachant qu'à la différence de nos figures, un tel programme est *a priori* rattaché à une discipline)[1]. En effet, tout comme un programme de recherche – ou un paradigme (au sens de Kuhn) –, ces figures sont chacune porteuses d'une *vision du monde* (ou d'un *noyau dur* selon Lakatos), depuis laquelle il est *ensuite* possible de poser des problèmes théoriques ou empiriques. Par exemple, selon la vision du monde engagée par la figure du mouvement, le réel est essentiellement de l'ordre d'un *fleuve agité*, dont l'agitation repose sur la combinaison des trois dimensions de l'événement (*hauteur*), de l'agencement (*largeur*) et du devenir (*longueur*) – cette vision rendant possible de nouvelles tentatives théoriques en sociologie mais également en psychologie du travail contemporain ou encore en histoire des révolutions[2]. De plus, à la différence de

1. Cf. Lakatos, 1994. Nous ne questionnons pas ici le paradoxe de notre analyse qui tend à considérer comme une *substance*-structure (substance-structure que désigne en effet, selon nous, un programme de recherche) une figure de pensée (celle du mouvement) tranchant sur la figure de la substance.

2. La figure du mouvement pourrait-elle valoir non seulement pour différentes sciences de l'homme et pour la philosophie, mais aussi pour les sciences de la nature elles-mêmes (ces dernières ne pourraient-elles la requérir pour étudier des dynamiques agitées ?) ? De ce point de vue, cette figure relèverait peut-être plus d'une *épistémè* transversale (au sens de Foucault, 2003) que d'un programme de recherche. Mais ce rapprochement mériterait lui aussi d'être questionné, ne serait-ce que parce que, selon Foucault, une épistémè est *exclusive* à un moment donné de l'histoire (ce qui ne saurait être le cas de la figure du mouvement).

Kuhn, Lakatos ménage la possibilité de la coexistence, dans une même discipline scientifique, de plusieurs visions du monde (plusieurs programmes de recherche). Or, cette pluralité vaut aussi pour nos figures de pensée, dont nous considérons qu'elles sont *a priori complémentaires*. La figure du mouvement ne saurait ainsi viser à l'exclusivité : elle peut et doit *a priori* coopérer – par exemple touchant l'analyse de l'ingénieur – avec ces deux autres figures que sont la substance et la situation.

Bref, forger la figure du mouvement revient, nous semble-t-il, à initier un programme de recherche – sans doute transdisciplinaire –, ouvrant les possibles de la pensée au-delà de ceux dessinés par ces deux autres figures, également légitimes dans leur ordre, que sont la substance et la situation.

3.2. … HÉTÉROGÈNE À LA FIGURE DE LA SITUATION

1. Faire valoir la singularité de ce programme de recherche engagé par la figure du mouvement suppose de distinguer soigneusement celle-ci de la figure de la situation, mobilisée dans le premier chapitre de cet ouvrage. Or, cette distinction n'est pas nécessairement aisée à établir de prime abord. Les deux figures déconstruisent en effet les oppositions entre substances (typiquement l'opposition du sujet et de l'objet) que la figure de la substance peut mettre au premier

plan. Toutes deux contestent ainsi la pertinence d'une analyse substantielle de l'homme, centrée sur ses attributs propres (qui seraient distingués de ceux de l'objet) : elles conduisent bien plutôt à le penser comme engagé *dans* une situation ou comme emporté *par* le mouvement. Plus encore : la figure de la situation donne lieu à des approches théoriques ouvertes à certaines *dynamiques*, jugées parfois imprévisibles[1]. Il y a même fort à parier que nombreux seraient les tenants de la figure de la situation à considérer, de prime abord, que la seule manière de penser le mouvement – et le mouvement contemporain – consiste à l'inscrire, précisément, dans une *situation* judicieusement comprise. Et pourtant ces deux figures se doivent d'être distinguées sur trois points décisifs, enchaînés les uns aux autres : au triple primat de la localisation (ou de la situation), du sujet (ou de l'expérience) et de l'action qu'engage la figure de la situation, la figure du mouvement oppose

1. Ainsi Dewey écrit-il : « Toute interaction de ce genre est un processus temporel, et non une rencontre momentanée. La *situation* dans laquelle elle se présente est donc *indéterminée* quant à son issue. Si nous l'appelons *confuse*, nous entendons alors que son dénouement est *imprévisible*. On l'appelle *obscure* quand le cours de son *mouvement* peut avoir des conséquences ultimes que l'on ne peut voir clairement », (1993, p. 171. Nous soulignons « situation », « indéterminée », « imprévisible » et « mouvement »). Comme nous l'a suggéré Frédéric Huet, sans doute pourrait-on distinguer l'*indétermination* de ce mouvement situé (décrit par Dewey) et l'*incertitude* du mouvement que nous nous attachons à appréhender – ou encore la *convergence* de celui-là (dans la mesure où l'enquête finit par être résolue) et l'*émergence* de celui-ci.

en effet une logique *non localisante* de l'*épreuve* et de la *réponse*.

2. Tout d'abord, comme son nom l'indique, la figure de la situation engage l'analyse de réalités *en situation*. S'il ménage une place à certaines dynamiques, ce type d'analyse *contient* celles-ci *au sein d'une situation* : comme des *mouvements situés* ou dynamisant une situation donnée – ce que nous pourrions appeler (avec Bergson) des *déroulements*. Or, le mouvement que nous nous attachons à penser excède justement tout déroulement – au sein – d'une situation : il ne saurait être pensé *en* situation. Cette irréductibilité à toute situation est marquée par les trois concepts d'événement, d'agencement et de devenir.

En premier lieu, du point de vue de Badiou, l'événement non seulement interrompt la situation (cette interruption émergeant, précisément, d'un *site événementiel*)[1] mais engendre également des conséquences qui relèvent d'un *trajet* errant ou infini, excédant *a priori* toute situation ou localisation (le sujet désignant, justement, un moment *local* sur ce trajet qui l'excède). Que l'on songe au trajet post-événementiel des conséquences issues de la décision, chez TS, de mettre en place des équipes autonomes. De ce point de vue, on se gardera bien de parler de *situation événementielle* :

1. Cf. Badiou, 1988, p. 193-198.

une telle situation (qui inclurait un événement et ses conséquences) *n'existe pas*[1]. On s'attachera aussi à distinguer soigneusement l'événement et le *déséquilibre* susceptible, *au sein même* d'une situation, d'initier une enquête au sens de Dewey.

Considérons ensuite le concept d'agencement ou de réseau socio-technique. Ainsi que nous l'avons indiqué, si Deleuze établit bien, tout comme les tenants de la situation, l'importance des relations *entre* les acteurs (relations constitutives de l'agencement), il marque également combien, en rendant possible une *déterritorialisation* ou une *ligne de fuite*, ces relations excèdent toute attache localisée ou située. C'est également cet excès – signifiant que l'agencement ou le réseau socio-technique ne saurait être pensé *en* situation – qu'indique Latour quand il décrit combien le mouvement du projet Aramis constitue ou *étend* un « dédale » ou un « labyrinthe »[2].

Enfin, on peut relever, du côté du devenir, la position singulière tenue par François Jullien quand il fait valoir, dans la lignée de la pensée chinoise, le concept de *potentiel de situation*. Certes, cet usage du terme

1. Dans *Le Modèle de la compétence*, Zarifian intègre les événements aux « situations », dès lors « événementielles » (2004, p. 68). L'*usage sociologique* de la radicalité *philosophique* de Badiou – sur lequel la démarche de Zarifian repose – semble ainsi relever d'un *adoucissement* de cette radicalité, qui procède sans doute d'une conjugaison des deux figures du mouvement et de la situation.
2. Latour, 1992, p. 129.

de situation n'est pas anodin : il renvoie bien à une intelligence (ou une pratique) *en* situation, en l'occurrence celle du stratège chinois. Mais, loin de penser le mouvement depuis, ou au sein de, la situation, Jullien définit celle-ci en fonction de celui-là : « Une situation n'est jamais immobilisable – elle n'est pas un lieu, un site [...] sa configuration est en constante transformation, elle ne cesse d'être orientée par une propension[1]. » La situation – par exemple celle où les acteurs de DC *chiffrent des réponses* possibles à soumettre au client – importe donc moins, de ce point de vue, que son potentiel ou, plus précisément, que le devenir puissant (la propension) qui l'a constituée et ne cesse de la dynamiser. Que ce devenir constitutif ne puisse être retenu dans, et pensé selon, une situation (comme chez Dewey), c'est ce qu'atteste la mobilisation par Jullien d'images faisant valoir la *puissance des éléments* – en eux-mêmes *non localisables* – : puissance du vent ou encore de l'eau qui dévale une pente à la manière d'un torrent[2]. Plus encore : si cette problématique de Jullien relève de la figure du mouvement plutôt que de celle de la situation, c'est parce qu'elle disqualifie les deux instances, à ses yeux occidentales, du *sujet* et de l'*action*[3]. Nous touchons ici aux deux

1. Jullien, 2004, p. 226.
2. Cf. *ibid.*, p. 33, 80-81. L'image du vent est également utilisée par Bergson et Deleuze.
3. Cf. *ibid.*, p. 74-75, 222, 225.

autres points importants de divergence qui s'attestent entre les figures du mouvement et de la situation.

3. Deuxième point de divergence donc : en situation, l'*acteur n'est pas emporté* ou *débordé* comme tel ; il ne subit pas l'*épreuve* du mouvement. Épreuve : par ce terme, nous cherchons en effet, en premier lieu, à indiquer un moment où *le régime du sujet comme tel est débordé*. Ce débordement comme tel, il s'atteste empiriquement dans nos trois cas, où certains acteurs *subissent* tout particulièrement le mouvement, son imprévisibilité et son incessance (l'idée d'épreuve renvoyant également à ce qui est *éprouvant*) : « *Il y a une rupture chez moi [...] une sorte de trou noir* » (responsable de production chez TS) ; « *à mon avis, les ingénieurs [...] nageaient pour ne pas couler* » (acteur du projet Aramis)[1] ; « *les gens qui font la réalisation [...] ils ne se sentent pas bien* » (chef de projet chez DC).

Ce débordement comme tel du sujet ou des acteurs – emportés dans le mouvement –, il est possible aussi de l'appréhender sur le plan théorique. De ce point de vue, il importe de préciser ce que nous entendons par *sujet* (ou régime du sujet). Dans la lignée des phénoménologies de Heidegger, de Merleau-Ponty et de

---

1. Dans son analyse de l'échec d'Aramis, Latour écrit : « ... se tirer d'*épreuves terribles* : ce qui n'était qu'une étape devient une infinité d'étapes, un vrai labyrinthe ; ce qui était une chaîne de commandement devient une horde indisciplinée, un vrai sauve-qui-peut » (1992, p. 96. Nous soulignons).

Levinas, nous considérons que le sujet désigne essentiellement un *habitant* ou se constitue d'abord selon une *localisation*. Dès lors, que le mouvement excède toute situation implique qu'il excède aussi la localisation – ou l'habitation – constitutive du sujet, comme si le sujet *dans* le mouvement ne savait plus où il habite… C'est précisément cet *excès comme tel* – du mouvement (dès lors impersonnel) sur la localisation constitutive du sujet – qu'indique, ici, le concept d'épreuve. Ce concept entre en cohérence avec les philosophies du mouvement de Badiou et de Deleuze, lesquelles marquent bien en effet, chacune à leur façon, un débordement du sujet comme tel[1]. Nos trois ingrédients du mouvement pourraient-ils être rattachés à *trois types d'épreuve* du mouvement subis par l'ingénieur contemporain[2] ?

On se gardera ici, certes, d'exagérer l'écart entre les deux figures du mouvement et de la situation. Nous

---

1. Ce concept d'épreuve paraît moins adéquat aux problématiques de Bergson et de Simondon dans la mesure où il est possible de comprendre la *personnalité* bergsonienne ou l'*individu* simondonien précisément *en tant que devenir* (ou mouvement d'individuation).
2. En tous les cas, cette approche du mouvement – en termes d'épreuve et aussi, comme nous le verrons, de réponse – conduit à éviter un écueil : considérer le mouvement (et ses trois ingrédients) comme une réalité *en soi*, indépendante de ce qu'il fait – ou impose – aux acteurs. Si, effectivement, le mouvement est impersonnel – ou anonyme –, s'il déborde ces derniers, il ne vaut cependant, selon nous, précisément, *qu'*en tant que débordement : le mouvement comme tel ne se constitue nulle part ailleurs que *dans les épreuves* qu'il impose – et *dans les réponses* qu'il requiert.

l'avons indiqué : engagé *en* situation, le sujet ne saurait contrôler l'action (ou l'enquête) à la manière d'un acteur souverain qui, en surplomb, la régirait depuis un projet (ou une substance) foncièrement extérieur à la situation. L'enquêteur est bien plutôt irréductiblement *embarqué* dans celle-ci, s'avérant dès lors pris dans des interactions ou des transactions qui en un sens le débordent. Mais il demeure que la figure de la situation ne saurait reconnaître un dépassement du régime du sujet comme tel : l'enquêteur peut toujours, en effet, ré-*agir* ou inter-*agir* ; par son enquête, sa sagacité, son bricolage ou sa modélisation (nous reprenons le vocabulaire proposé pour caractériser l'action de l'ingénieur), il peut *rester à la mesure de la situation*. Dewey écrit ainsi : « L'interaction organique devient enquête quand sont *anticipées* des conséquences existentielles […]. La *résolution* de cette situation indéterminée est *active* […]. Si l'enquête est *dirigée* adéquatement, l'*issue finale* est la situation unifiée[1]. » *Anticiper, résoudre, diriger* : s'ils n'indiquent certes pas la maîtrise d'un sujet souverain (qui piloterait la situation depuis son for intérieur), ces verbes soulignent combien, à la différence du mouvement, le *déroulement* de la situation (ou de l'enquête en situation) peut être *contrôlé* (de l'intérieur même de la situation). En utilisant le vocabulaire de Levinas, nous pourrions soutenir que le sujet

1. Dewey, 1993, p. 172. Nous soulignons.

demeure foncièrement *adéquat* à la situation ou encore que celle-ci, si elle le surprend parfois, n'enveloppe pas pour autant – à la différence du mouvement – une « *inadéquation par excellence* »[1]. De façon à marquer cet écart – entre un régime où, *embarqué* dans une situation, le sujet peut cependant contrôler le déroulement de celle-ci et un régime où il est irréductiblement *emporté* par le mouvement –, nous dirons que, dans un cas (la situation), le sujet *fait une expérience* et que, dans l'autre (le mouvement), il *subit une épreuve* (et c'est bien selon cette seconde perspective qu'il nous paraît nécessaire de comprendre les trois cas étudiés).

4. Que les acteurs soient ainsi débordés par le mouvement, voilà qui ne signifie pas qu'ils ne peuvent relever le défi d'y *répondre* (défi que l'idée même d'épreuve indique). Mais il importe d'expliciter la spécificité de cette *réponse* et, dans cette perspective, de marquer – sur la base de la distinction entre l'épreuve et l'expérience – une rupture avec le concept d'*action* (ou d'action en situation). Répondre, ce n'est pas agir ou inter-agir – ou même ré-agir –, ce n'est pas non plus enquêter. En effet, jamais la réponse – aussi nécessaire et judicieuse soit-elle – ne sera à la hauteur du mouvement, qui *toujours* la débordera (et nous sommes ici dans la continuité du concept de réponse forgé par

1. Levinas, 1992, p. 12. Nous soulignons « par excellence ».

Levinas)[1]. *Toujours* en effet : comme nous l'avons souligné, les trois ingrédients du mouvement engagent une *incessance* – de surcroît *imprévisible* – qui tranche avec la situation de l'enquête que l'on peut contrôler, résoudre ou finaliser. Dès lors, la réponse, loin de pouvoir finaliser une situation, demeure prise dans un mouvement incessant, de même que la navigation d'un bateau demeure irréductiblement excédée par l'agitation du fleuve sur lequel elle s'opère.

Que cette réponse s'avère ainsi toujours inadéquate au regard du mouvement – qu'elle demeure emportée ou débordée par celui-ci –, c'est bien ce qu'attestent exemplairement les deux cas de TS et de DC (lesquels témoignent en effet, ainsi que nous le verrons au chapitre suivant, d'une authentique posture de réponse). Balloté par un mouvement post-événementiel, le nouveau dispositif de production trouvé est déjà questionné par l'exigence de se rapprocher du client (cas de TS) ;

---

1. Des précisions sont ici nécessaires : les phénoménologies de l'Autre ou du *face-à-face avec l'Autre* (Levinas, Marion, Heidegger) participent en un sens *à la fois* de la figure de la situation – en préservant le primat d'un *site* (celui précisément du face-à-face) – *et* de la figure du mouvement – du moins dans la mesure où, dans ce site, le sujet subit une *épreuve*, celle de l'Autre (visage d'autrui, phénomènes saturés ou être), dont l'*appel* requiert *réponse*. Cette analyse est également adéquate à la philosophie de Badiou – l'événement désignant bien une forme d'Autre –, à ceci près que Badiou pense en outre, en lui-même, le mouvement post-événementiel, lequel déborde la localité du sujet – répondant à cet Autre événementiel – et le site du face-à-face (avec l'événement). Nous élargissons ici la portée du concept de réponse en considérant la réponse *au et dans le mouvement* (celui-ci ne sollicitant pas nécessairement une forme d'Autre).

emportés par l'élan d'un devenir, les versions intermédiaires du logiciel développé et les chiffrages proposés au client sont déjà contestés par de nouvelles demandes (cas de DC).

Finalement, il apparaît que cette réponse non seulement constitue une réponse *au* mouvement, mais s'avère elle-même prise *dans* le mouvement. Répondre – d'une réponse *collective* – *au* et *dans* le mouvement, voilà donc l'enjeu – celui auquel est soumis, pensons-nous, l'ingénieur *contemporain*.

Chapitre 3

Répondre au et dans le mouvement – l'ingénieur contemporain et le philosophe

Munis de la figure du mouvement – établie à partir de l'analyse de cas d'organisations contemporaines –, nous sommes en mesure, dans ce dernier chapitre, de questionner la spécificité de l'*ingénieur contemporain*. Accéder à celle-ci suppose de reconnaître combien la posture générale de l'ingénieur – posture d'enquête qui, attachée à des projets et à des dispositifs techniques, demeure une posture de *prévision* – est inadéquate au mouvement contemporain, irréductible à toute prévision (cf. § 1). Que l'ingénieur contemporain puisse surmonter cette inadéquation implique, pensons-nous, qu'il contribue au déploiement d'une *réponse collective* au et dans le mouvement – réponse à la fois *vigilante* et *innovante*, que nous qualifierons de *quotidienne* (cf. § 2). N'est-ce pas cette posture de problématisation – proche de celle du *philosophe* (cf. § 3) – que portent, aujourd'hui, les méthodes dites *agiles* ?

S'appuyant sur les résultats des deux premiers chapitres – touchant l'enquête de l'ingénieur et le mouvement contemporain –, ce troisième chapitre amorce le déploiement du programme de recherche engagé par la figure du mouvement. Jusqu'à quel point la posture de *réponse collective* que ce déploiement conduit à dégager se substitue-t-elle aujourd'hui, dans les pratiques des ingénieurs, à celle de l'*enquêter* ?

1. L'inadéquation de l'ingénieur et du mouvement contemporain

1. Les trois cas étudiés dans notre deuxième chapitre n'invalident pas la manière dont nous avions considéré, dans le premier chapitre, la problématisation de l'ingénieur, à savoir comme une *construction de choix* touchant un dispositif technique à concevoir. Dans le cas de TS, assumer l'exigence d'un changement du dispositif de production amène les acteurs à formuler et à tester différentes possibilités d'organisation : différentes lettres

de l'alphabet (même si c'est bien le « U », préconisé dès l'origine par la maison-mère japonaise, qui est finalement retenu). De même, le récit de Latour indique les alternatives que les ingénieurs doivent assumer dans le projet Aramis, les *compromis* que ce projet les conduit à forger[1]. Enfin, nous avons marqué combien, dans la Pme DC, le chef de projet se devait, sans cesse, de re-proposer différentes options aux clients. On pourrait, également, montrer combien, dans ces trois cas, cette activité de problématisation requiert une conjugaison de dimensions *hétérogènes* et des pratiques de *modélisation*[2].

Simplement, dans ces différents cas, comme nous l'avons souligné, la construction de choix, bien loin de désigner (ou de préparer) la fin d'un processus – ou l'achèvement d'une enquête –, ne constitue qu'un moment le long d'une dynamique agitée incessante. Problématiser, ce n'est donc plus seulement, ici, construire des options ou élaborer des compromis *en situation*, avant et afin de résoudre le problème. C'est, plus précisément, construire des options ou élaborer des compromis alors même que l'on est *débordé* par un mouvement largement imprévisible, qui menace d'emporter

---

1. Cf. Latour, 1992, p. 171, 177, 184.
2. Touchant les pratiques de modélisation dans le cas de DC, cf. Choplin et al., 2011. Par ailleurs, dans ce troisième chapitre, nous mettrons au second plan les concepts de *bricolage* ou d'*enquête* dans la mesure où ils sont très attachés à une problématisation *en situation*, dont le primat est ici remis en cause.

ces options ou ces compromis eux-mêmes et, si l'on veut, la situation même dans laquelle ils sont élaborés (même si, bien entendu, inversement, cette construction de choix affecte cette dynamique agitée). La difficulté ne tient donc pas seulement à la complexité d'une conception dont la prise en charge supposerait l'élaboration, en situation, de différentes solutions. Elle tient aussi à ce que ce travail, plongé *dans* le mouvement, *ne cesse* de devoir être relancé sans qu'il soit possible d'*anticiper* la teneur de la relance qu'il conviendra d'effectuer. Autrement dit, à la différence de l'*enquêter*, le *répondre* suppose *deux niveaux de problèmes* : le niveau du problème ou du choix construit par les ingénieurs et celui, plus déterminant, du *problématique*[1], qui, emportant cette construction, conduit incessamment et imprévisiblement à le relancer.

2. S'insérer ainsi *dans* le mouvement – en donnant lieu à une réponse *au* mouvement elle-même positionnée *dans* le mouvement – : telle est bien là, selon nous, la spécificité de la problématisation qu'exige, de l'ingénieur, le *contemporain*. Peut-être est-il possible de le suggérer en confrontant le cas de DC et certaines situations de conception au XVIIIe siècle décrites par Vérin.

Au XVIIIe siècle, le *devis* – équivalent du chiffrage opéré dans les projets de DC – désigne, pour certains,

1. Cf. Fabre, 2009.

« "le chef-d'œuvre de l'ingénieur" »[1]. Dès cette époque, on retrouve en effet, incarnés dans la réalisation du devis – que l'on peut considérer comme une forme de *modélisation* –, plusieurs éléments propres, selon nous, à la posture générale de l'ingénieur. Tout comme le chiffrage chez DC, le devis concerne bien la conception (ou/et la réalisation) d'un *dispositif technique* (un logiciel chez DC ; un arsenal, par exemple, au XVIIIe siècle) et engage bien, dès lors, la conjugaison de *dimensions hétérogènes* (techniques, économiques, sociales ou socio-politiques) et la formulation de *choix* entre diverses solutions. Dès cette époque, s'atteste également l'importance de l'imprévisible, le devis incarnant précisément « ce pouvoir d'anticiper » qui « distingue le talent de l'ingénieur »[2] : « *même l'imprévisible sera prévu et calculable* »[3]. Mais s'agit-il encore vraiment, pour les ingénieurs *contemporains* de DC et pour notre chef de projet – emportés par l'élan créatif d'un devenir –, de *calculer* ou de *prévoir* l'imprévisible ? Ne s'agit-il pas plutôt de s'y *préparer* ou de « *se disposer à l'imprévu* »[4] ? Mais jusqu'à quel point cette posture, de préparation ou de *réponse*, demeure-t-elle en cohérence avec celle de l'ingénieur ?

---

1. Vérin, 1993, p. 230 (la formule, reprise par Vérin, est de Bélidor).
2. *Ibid.*, p. 230.
3. *Ibid.*, p. 229. Nous soulignons.
4. *Ibid.*, p. 405. Nous soulignons.

3. La difficulté tient d'abord à l'hétérogénéité (souli-gnée à la fin du chapitre précédent) entre l'enquête (ou l'action) en situation et la réponse au et dans le mouve-ment. Mais elle tient aussi à ce que, dans son enquête, l'ingénieur en effet *prévoit*, serait-ce l'imprévisible. Cette démarche de prévision, en situation, découle du *projet* qu'engage l'enquête de l'ingénieur et de la teneur même de l'objet de ce projet : un *dispositif technique*. Celui-ci, en effet, non seulement *prescrit* des comportements à ses utilisateurs, mais implique, de par son caractère techni-que, un *calcul* qui tend à *anticiper* intégralement ou à *programmer* le devenir[1]. Or, l'imprévisibilité du mouve-ment ne désigne-t-elle pas précisément ce qui le sous-trait radicalement à toute forme de calcul, d'anticipation ou de prescription ? Comment le mouvement contem-porain pourrait-il, par exemple, faire l'objet d'une ana-lyse de *risques*, toujours gouvernée, aussi subtile soit-elle, par une exigence d'anticipation voire de mesure ?

Dans ces conditions, l'ingénieur s'avère *a priori* par-ticulièrement incapable de *répondre* au et dans le mou-vement. Et pourtant, deux de nos trois cas (TS et DC) attestent de ce que, malgré tout, les ingénieurs par-viennent à s'en sortir dans le mouvement. Comment l'expliquer ?

1. Cf. Bachimont, 2010.

2. La réponse collective
au et dans le mouvement

2.1. Quel collectif dans le mouvement[1] ?

1. Deux types d'argument conduisent à mettre au premier plan la question du *collectif dans le mouvement*. Tout d'abord, les trois cas mouvementés étudiés indiquent très significativement l'importance du collectif. Ainsi, dans le cas de TS, c'est bien un groupe de travail *ad hoc* qui se charge de tirer les conséquences de la décision événementielle de transformer l'organisation de la production. Dans le cas de DC, le fonctionnement du collectif constitué du client, du chef de projet et des développeurs paraît également déterminant pour assumer le devenir créatif qui ne cesse de dynamiser le projet (le chef de projet assurant dans ce collectif un rôle essentiel d'interface). Enfin, on peut considérer, avec Latour, que ce sont précisément les insuffisances ou les fragilités du réseau socio-technique portant ou agitant Aramis qui expliquent que le projet finisse par échouer. Tout se passe donc, dans ces trois cas, comme si seule la constitution d'un collectif pouvait rendre possible la problématisation dans – et la réponse au et dans – le mouvement.

Notre second type d'argument est d'ordre plus théorique. La plupart des penseurs du mouvement

1. Le traitement de cette question n'aurait pas été possible sans nos échanges avec Eddie Soulier.

mobilisés dans notre recherche thématisent bien l'importance du collectif, du moins d'un certain type de collectif. Ainsi les sociologies de Latour et de Zarifian proposent-elles de mettre au premier plan les concepts inédits de *réseau socio-technique* et de *communauté d'action* (cette communauté désignant, selon Zarifian, « l'instance » susceptible de répondre aux événements)[1]. Il est remarquable que, sur le plan philosophique – plan où la question du collectif demeure bien souvent secondaire (relativement à celle du sujet ou d'autrui) –, Deleuze, Badiou et Simondon posent également cette question du collectif dans le mouvement et forgent les concepts, respectivement, d'*agencement collectif*, d'*égalité*[2] et d'*individuation collective*.

En particulier, la recherche de Simondon indique avec force la nécessité de penser selon la dimension collective la réponse au mouvement et à son épreuve. Simondon considère le collectif comme un individu qui – comme tout individu (au sens simondonien) – se constitue selon un mouvement d'individuation. Cette individuation collective procède, selon lui, du *potentiel* constitué par les charges non- ou in-individuées que portent, et qui *débordent*, les individus composant ce collectif. Simondon fait bien ainsi signe vers le lien déterminant qui s'établit entre l'épreuve

1. Cf. Zarifian, 2004.
2. Cf. Deleuze et Parnet, 1996 ; Badiou, 1992.

– impersonnelle (ou in-individuelle) – du mouvement et la *constitution* du collectif. Plus encore, il analyse ce processus en termes de *problématisation* dans la mesure où l'individuation du collectif désigne justement, de son point de vue, la résolution d'une problématique, celle portée par le potentiel non encore individué mettant en *question* les individus du collectif (cette mise en question désignant, selon nous, l'épreuve du mouvement)[1].

2. Comment donc penser ce collectif de l'ingénieur contemporain emporté dans le mouvement ? De cette question peuvent se saisir nos trois figures de pensée, *a priori* complémentaires.

Selon la figure de la *substance*, le problème est, pensons-nous, d'examiner les *substances collectives* susceptibles d'avoir un impact sur le mouvement (ou sur ses effets). Il est ainsi possible d'étudier les *collectifs identitaires* qui peuvent *protéger* contre le mouvement en faisant valoir une *identité* attachée, par exemple, à un domaine ou à un secteur d'activité particulier. Que l'on songe à la manière dont le logiciel libre peut souder aujourd'hui un nombre important d'informaticiens[2].

1. Cf. Simondon, 2005, p. 291-315.
2. Cf. Auray, Vincente, 2006. Les trois cas étudiés dans notre ouvrage ne convoquent pas de tels collectifs identitaires.

Une seconde perspective, également substantialiste, concerne les *collectifs* réunissant des acteurs *hétérogènes* de par leurs compétences, leurs métiers, leurs entreprises ou même leurs nationalités (la substance collective désignant alors l'acteur collectif hétérogène ainsi constitué). Touchant les rapports entre ces collectifs hétérogènes et le mouvement, deux options (non nécessairement exclusives l'une de l'autre) semblent *a priori* envisageables. La première consiste à étudier dans quelle mesure cette hétérogénéité permet aux acteurs de vivre dans le mouvement. Nous croisons ici les travaux en sciences de gestion soulignant combien l'entreprise contemporaine inscrit l'ingénieur dans des collectifs hétérogènes – en particulier interprofessionnels – de coopération, cette hétérogénéité (ou inter-professionnalité) étant supposée permettre la prise en charge de projets complexes (par exemple de conception concourante ou simultanée)[1]. Dans la seconde option, l'hétérogénéité du collectif désigne bien plutôt, en elle-même, une source d'agitation ou de désordre. Peut-être pourrait-on estimer par exemple, de ce point de vue – toujours substantialiste –, que l'agitation des projets de service, dans le cas de DC, tient à l'hétérogénéité des « cultures » de ses développeurs et de ses clients (laquelle rend particulièrement délicate et déterminante la tâche du chef de projet).

1. Cf. de Terssac et Friedberg, 2002.

Nous ne saurions contester l'importance, dans l'activité de l'ingénieur contemporain, de ces collectifs hétérogènes. Quel ingénieur n'évolue pas, aujourd'hui, dans un tel collectif ? De fait, les trois organisations mouvementées étudiées sont bien porteuses de collectifs hétérogènes, lesquels réunissent des responsables de production et des opérateurs (cas de TS), les différents partenaires – publics, privés – d'un grand projet d'innovation (cas d'Aramis) ou le client, le chef de projet et les développeurs d'un projet logiciel (cas de DC). Mais dans quelle mesure comprend-on ces collectifs – et ces cas – en faisant valoir cette hétérogénéité (et la substance collective qu'elle désigne) ? Car les dynamiques agitées des organisations contemporaines, par exemple celle décrite dans le cas de DC, procèdent d'émergences imprévisibles et incessantes dont la teneur et les effets ne sauraient être principalement compris depuis les caractéristiques (aussi singulières soient-elles) des collectifs présents dans ces organisations[1] – collectifs que ces émergences contribuent, probablement, à bousculer ou à transformer. S'il est possible de considérer – munis de la figure de la substance – que l'hétérogénéité du collectif peut avoir un certain impact sur le mouvement (ou sur ses effets), on

---

1. Sur le plan opérationnel, nous touchons ici aux limites d'une démarche de gestion de projet qui s'en remettrait essentiellement – pour *contrôler* le mouvement – à la composition d'un collectif (hétérogène) adéquat.

se gardera donc soigneusement de masquer combien, inversement, cette hétérogénéité et ce collectif eux-mêmes peuvent être constitués et affectés en profondeur par l'agitation contemporaine. C'est ce dont témoigne tout particulièrement notre étude du cas de TS, où c'est en effet la dynamique post-événementielle qui rend possible et agite l'institution et le travail d'un collectif *ad hoc* (hétérogène).

Bref, de notre point de vue, la figure de la substance, en tant qu'elle se déploie sur les collectifs contemporains – pour mettre en évidence l'hétérogénéité de leurs acteurs ou bien l'identité qui les soude –, ne suffit pas à rendre compte de la manière dont ces collectifs (et, si l'on veut, leurs substances) se créent – ou se défont – *dans* et *par* le *mouvement*.

3. Incontestablement, mobiliser la figure de la *situation* permet d'élargir l'analyse. De notre point de vue, cette figure peut être rattachée à un des axes importants de la sociologie contemporaine, celui visant à examiner les collectifs depuis « les multiples procès à travers lesquels » ils se constituent, plutôt que comme des personnes, des individus ou des sujets (collectifs), dont il faudrait décrire les « propriétés substantielles »[1]. Il s'agit ainsi d'éviter un certain nombre d'écueils attachés à la figure de la substance : considérer le collectif

1. Kaufmann et Trom, 2010, 4ᵉ de couverture.

comme une instance/substance (collective) ou bien comme la somme d'instances/substances individuelles, ou encore : le comprendre essentiellement depuis le point de départ – ou le point d'arrivée – de sa trajectoire. Positivement, cette lecture du collectif dans le mouvement met au premier plan non plus les caractéristiques d'une substance collective mais bien l'*action* (typiquement celle d'un projet) qui peut constituer et souder le collectif[1]. C'est en ce sens que l'on peut parler de *communauté d'action* ou de *communauté d'enquête*[2] (par exemple pour désigner un collectif à l'œuvre dans la conception d'un dispositif technique). Toutefois, déployer rigoureusement cette lecture – et la figure de la situation qui, selon nous, la rend possible – conduit non pas à caractériser le collectif par l'attribut d'une action (ou d'une enquête), mais bien plutôt à le subordonner explicitement à cette dernière. Dès lors, ce n'est pas le collectif qui est d'action, mais l'action qui est *collective* – comme s'il s'agissait ici d'en finir pour de bon avec la substance du collectif pour lui substituer une *dynamique d'action*, effectivement collective.

Ainsi déployée, la figure de la situation s'avère probablement pertinente pour comprendre – du moins dans une certaine mesure – nos trois cas. Par exemple,

---

1. Cf. Karsenti, « Carl Schmitt et les collectifs politiques », in Kaufmann et Trom, 2010, p. 273.
2. Cf. Zacklad, 2004. On notera que Manuel Zacklad s'inscrit explicitement dans la lignée de Dewey.

dans le cas de TS, il est légitime – jusqu'à un certain point – de considérer l'institution du rôle de sub-leader comme le produit de l'action collective de conception d'un nouveau dispositif de production.

CONJUGUER SITUATION ET MOUVEMENT ?

Soulier a décrit « douze modèles » contemporains de « l'activité collective » (de Simmel à Latour). Cf. Soulier, 2009. Ces modèles pourraient être rattachés à nos trois figures de pensée. Par exemple, le modèle de la *décision planifiée* (Simon) semble bien relever de la figure de la substance (figure globalement critiquée par Soulier), celui de l'*action située* (Suchman) de la figure de la situation et celui de l'*acteur-réseau* (Latour) de la figure du mouvement. Soulier propose de penser ce dernier modèle latourien depuis la catégorie d'*action dislocale*, catégorie à nos yeux ambiguë en tant qu'elle semble participer à la fois de la figure de la situation (via l'idée d'*action*) et de la figure du mouvement (via l'adjectif *dislocale*). Il est possible que cette ambiguïté – probablement féconde – caractérise en dernier ressort la recherche de Soulier, lisible en effet, de notre point de vue, depuis la conjugaison de ces deux dernières figures. Dans quelle mesure cette ambiguïté et cette conjugaison sont-elles également à l'œuvre dans la sociologie de Latour ?

---

4. Pour autant, cette figure de la situation s'avère insuffisante : le concept d'action collective ne suffit pas, en effet, à rendre compte de l'agitation qui affecte et

potentiellement *détraqué*[1] des dynamiques collectives contemporaines comme celles qui s'attestent dans les trois cas étudiés, l'échec d'Aramis étant particulièrement exemplaire de ce point de vue. Si les recherches relevant de la figure de la situation peuvent incontestablement pointer la *fragilité* de telles dynamiques, cette fragilité semble tenir, de leur point de vue, à ce qu'elles ne procèdent plus de *substances* collectives[2]. Tout se passe comme si ces analyses ne pouvaient envisager que deux figures de pensée : la substance et la situation. Mais comment, ainsi configurées, pourraient-elles thématiser dans toute son ampleur la fragilité des dynamiques collectives contemporaines ? Par exemple, considérer, touchant le cas de TS, la conception du dispositif de production comme une action collective, en situation, ne permet pas, pensons-nous, de décrire la manière dont cette conception est agitée par une dynamique post-événementielle, laquelle menace, en particulier, d'emporter ses résultats (et notamment le rôle même de sub-leader). Un tel point de vue ne permet pas non plus de caractériser la posture collective susceptible de se prémunir contre – ou d'*exploiter* – un tel mouvement.

1. On n'identifiera pas ce détraquement et l'épreuve du mouvement déjà décrite : si tous deux procèdent du mouvement, celle-ci désigne son effet sur un acteur/sujet (individuel) et non, comme celui-là, sur un collectif (ou du moins sur son action).
2. Cf. Kaufmann, « Faire « collectif » : de la constitution à la maintenance », in Kaufmann et Trom, 2010, p. 332-333 ; Zarifian, 2004, p. 61, 64.

À nos yeux, le primat du concept d'action masque la *réponse – collective –* qui peut constituer ces collectifs contemporains. Si, théoriquement, la figure de la situation exige de passer du *collectif* (analysé par la figure de la substance) à l'*action collective*, celle du mouvement conduit en effet à substituer à celle-ci la *réponse collective*. Il importe ici de préciser que ce concept de *réponse collective* s'entend à nouveau selon l'acception levinassienne de la réponse. En effet, de même que chez Levinas, c'est la réponse en face du visage d'autrui – réponse, comme telle, toujours débordée par le visage – qui institue le sujet authentique, *respons*-able d'autrui (lequel sujet ne saurait donc précéder cette réponse), nous considérons que c'est la réponse collective au et dans le mouvement – réponse toujours débordée par le mouvement – qui institue le collectif (ou la dimension collective) que nous essayons ici d'appréhender. La réponse collective est donc moins la réponse d'*un collectif* préexistant que la *réponse constitutive* de ce collectif. Il reste alors à questionner celle-ci. Que peut donc signifier cette réponse, si elle institue un collectif sans requérir une identité commune (à ses acteurs) ou une substance – sans non plus reposer sur une *action* ou une œuvre collective[1] ?

1. Ce problème nous rapproche de ces penseurs de la *communauté négative* que sont Jean-Luc Nancy et Blanchot – communauté *négative* en effet, *dés*-œuvrée (Nancy) ou *in*-avouable (Blanchot), dans la mesure où ces

1. Il semble possible, en premier lieu, de dégager deux dimensions susceptibles de qualifier cette réponse collective : la *vigilance* et l'*innovation*[1]. Toutes deux reposent sur une *écoute* du mouvement : répondre suppose ainsi de *diagnostiquer* ou de *détecter* les dynamiques agitées en cours – qu'elles relèvent d'un événement, d'agencements ou/et d'un devenir –, cette détection permettant à la fois de se *préparer* à leurs effets potentiellement *négatifs* (*vigilance*) et d'accroître *positivement* les conditions favorables à l'*innovation*.

2. L'importance de la vigilance, tout d'abord, ne surprendra pas : celle-ci est en effet rendue nécessaire par le mouvement qui agite, et potentiellement fragilise, les dynamiques collectives contemporaines. Cette réponse vigilante peut probablement être considérée, dans une certaine mesure, comme une *préparation collective préventive*, préparation que l'on distinguera soigneusement

auteurs s'attachent, précisément, à penser du collectif, du commun ou du « avec » au point même où toute positivité d'une substance ou d'une œuvre (d'un projet) a disparu. Cf. Nancy, 2001. Munis de la figure du mouvement, nous proposons bien, pour notre part, dans ce qui suit, de donner un contenu *positif* à cet « avec » dépourvu de substance et d'œuvre.

1. L'identification de ces deux dimensions procède, dans une large mesure, du travail réalisé avec Soulier dans le cadre du projet REACT (« Réactivité à l'imprévu par la réinterprétation collective de la situation », 2009-2011, projet financé par la Direction Générale de l'Armement et piloté par l'entreprise Dédale).

d'une action collective d'*anticipation* (le mouvement demeurant inanticipable). En soulignant l'imprévisibilité irréductible de l'événement que constitue la panne d'une machine complexe, Zarifian insiste ainsi sur l'importance du « repérage des prémisses de son advenue » ou des « indices de son arrivée »[1]. Ce repérage ou cette détection d'indices vise *non pas à prévoir l'imprévisible* (en l'occurrence, la teneur de la panne), *mais plutôt à préparer son advenue, inévitable* – cette préparation, ou réponse vigilante, étant de nature à renouveler, selon Zarifian, les pratiques de maintenance préventive.

Concrètement, sur le terrain, cette vigilance collective – protectrice – peut prendre diverses formes. Elle est incarnée, par exemple, par le chef de projet de DC lorsqu'il explique au client, dès le début du projet, que nécessairement le déploiement de celui-ci ne va pas se conformer à ses attentes. Son propos n'est pas d'annoncer au client les découvertes – inanticipables – qui vont jalonner son devenir, mais bien plutôt de le *préparer* – de préparer le collectif du projet – à l'imprévisible. C'est également de cette vigilance collective dont témoigne, dans le cas de TS, le *temps négocié* par le groupe de travail auprès du patron du site de production, temps nécessaire, en effet, pour assumer l'exigence de transformation de l'organisation de la production, comme si cette vigilance collective conduisait, ici, à *atténuer la*

1. Zarifian, 1995, p. 38.

vitesse du mouvement : à « *toujours essayer de freiner* » (comme le dit le chef de projet de DC, en ciblant, pour sa part, les demandes incessantes du client). Faut-il également rattacher à cette vigilance collective ce qui concerne moins la préparation des effets négatifs du mouvement que le traitement même, ou l'accompagnement, de ces effets, et notamment des *épreuves* que peuvent endurer les acteurs ?

3. La réponse *innovante*, elle, vise non pas à se prémunir contre le mouvement mais bien plutôt à l'*exploiter* positivement. Car le mouvement n'est pas seulement source de menaces ou d'épreuves : il constitue aussi une ressource susceptible de susciter apprentissage (comme y insiste Zarifian) ou innovation (c'est bien prioritairement en ce sens que l'entendent les philosophies de Badiou, Bergson ou Deleuze). En tant qu'elle exploite cette ressource, la réponse innovante ne se réduit ni à la *créativité* (créativité substantielle d'un acteur, cet acteur serait-il collectif) ni à l'*adaptation* collective (à une situation). En effet, *innover* consiste, dans cette perspective, non pas à créer ou à s'adapter mais bien plutôt à faire advenir – ou à *laisser advenir*[1] – *le mouvement de façon à ce qu'il transforme*

1. *Laisser advenir* : ce verbe, comme plusieurs autres utilisés dans ce qui précède, proviennent des analyses de Jullien. Celles-ci marquent bien la différence entre l'adaptation à une *situation* et la réponse au mouvement. Cf. Jullien, 2004, p. 217.

significativement la réalité[1]. Autrement dit, innover signifie de ce point de vue : exploiter les dynamiques agitées que le mouvement recèle pour ouvrir de nouveaux possibles – les trois ingrédients de ces dynamiques (événement, agencement, devenir) désignant peut-être, dès lors, *trois formes d'innovation*[2]. Si le projet Aramis échoue, c'est précisément parce qu'il n'est pas assez innovant en ce sens : c'est parce qu'il n'exploite pas le mouvement – agitant le réseau socio-technique qui le constitue – pour agencer ou négocier, et dès lors remettre en cause, cela même qui était perçu comme la nouveauté ou « l'innovation » du projet : l'attelage immatériel des cabines (sans doute devrait-on soutenir que l'échec du projet Aramis tient également à une *vigilance* insuffisante touchant la fragilité des liens du réseau socio-technique qui le constituait). À l'inverse, le collectif constitué dans le site de TS s'avère innovant lorsqu'il exploite la décision brusque de changement organisationnel, et la dynamique que cet événement engendre, pour *inventer un rôle*

1. Cette approche rejoint les recherches contemporaines mettant en évidence *le ressort essentiellement mouvementé de l'innovation*. Nous pensons aux travaux d'Alter, de Latour et de Zarifian, mais aussi à ceux de Le Masson (et al.) consacrés à la *conception innovante*.
2. Il faudrait questionner les manières d'exploiter concrètement ou opérationnellement de telles dynamiques. De ce point de vue, il est possible que l'enjeu soit d'aménager des *conditions* susceptibles de favoriser leur production – *éventuelle* – d'effets positifs ou innovants (cet aménagement tranchant sur toute posture de pilotage). La dimension *quotidienne* des réponses collectives au mouvement désigne peut-être l'une de ces conditions.

inédit : le rôle de sub-leader (innovation qui, dans la mesure où elle procède de l'exploitation d'une dynamique post-événementielle, ne saurait se comprendre seulement comme le résultat d'une *action* collective).

4. Vigilance et innovation collectives : ces dimensions modifient-elles notre regard sur l'ingénieur contemporain ? Peut-être le thème de l'innovation collective relève-t-il aujourd'hui du lieu commun. Mais il se doit ici d'être entendu selon les exigences propres à la figure du mouvement. L'innovation – comme la vigilance – ne sauraient donc désigner les attributs d'un collectif (substantiel) ou même d'une action collective, dans lesquels l'ingénieur devrait s'insérer. Elles désignent bien plutôt *la manière même – vigilante et/ou innovante – dont un collectif peut et doit s'instituer dans le mouvement pour y répondre* ou encore : les ressorts constitutifs d'une réponse collective « adéquate » au mouvement – les cas de TS et de DC attestant effectivement de ces ressorts, dont l'absence, dans le cas d'Aramis, explique selon nous l'échec du projet. Dès lors, pour l'ingénieur *contemporain*, l'enjeu est de contribuer à cette posture, vigilante et innovante, de réponse collective. C'est ainsi qu'il pourra se soustraire aux difficultés posées – relativement au mouvement – par la posture d'enquête et de prévision constitutive, selon nous, de l'action de l'ingénieur non spécifiquement contemporain.

Se marque peut-être ici une forme de continuité entre ce dernier et l'ingénieur contemporain. Ne peut-on considérer en effet que la *vigilance* et l'*innovation* constituent une reformulation contemporaine de ces deux fonctions de l'ingénieur : *contrôler* et *concevoir* ? La vigilance collective, consistant à se préparer aux effets négatifs que peut produire le mouvement sur les dispositifs techniques : n'est-ce pas là, après tout, une forme inédite de contrôle, propre à l'ingénieur contemporain ? De même, l'innovation collective, exploitant les ressources du mouvement pour transformer ces dispositifs, ne désigne-t-elle pas une forme singulièrement contemporaine de conception ?

Il est en tous les cas remarquable que se développent aujourd'hui des pratiques dites *agiles* qui semblent mobiliser tout particulièrement cette vigilance et cette innovation. Tranchant sur la méthode traditionnelle de gestion de projet, qui repose sur une planification et une contractualisation *a priori*, la *méthode agile* se déploie ainsi en informatique de façon à permettre aux acteurs d'un projet de développement logiciel d'assumer les *incertitudes* propres à ce type de projet[1]. Probablement proche de celle utilisée de fait par les ingénieurs

1. Cf. Messager-Rota, 2007. C'est Stéphane Crozat qui nous a indiqué cette référence et nous a sensibilisé aux méthodes agiles. Mentionnons également, ici, le concept d'*agile innovation*, lequel désigne la capacité des entreprises à développer des stratégies d'*innovation* sur la base d'une récupération de connaissances *émergentes* dans des lieux *inattendus*. Cf. Wilson, Doz, 2011.

de DC, cette méthode fait valoir une vigilance collective, portée en particulier par le principe de *timeboxing*. Celui-ci implique en effet la mise en place, au sein du projet, d'*itérations* régulières et fréquentes – nous dirions volontiers *quotidiennes* –, chaque fin d'itération étant l'occasion de redéfinir collectivement (entre partenaires) le plan de travail, ce en fonction des résultats effectivement obtenus ou de l'évolution des besoins du client. De surcroît, cette méthode s'avère porteuse d'innovation dans la mesure où elle conduit le collectif à exploiter le mouvement du projet pour élaborer des solutions fort éloignées des solutions *a priori* envisagées.

5. En tant qu'elle est vigilante et innovante, la réponse collective semble armée pour faire face au mouvement et pour en exploiter les ressources potentielles. Mais dans quelle mesure est-elle à la hauteur d'une caractéristique déterminante de ce mouvement (et de ses trois ingrédients potentiels) : son *incessance* ? Faut-il donc soutenir que cette réponse collective – que sa vigilance et son innovation – se doivent elles-mêmes d'être incessantes ? Mais que peut donc signifier cette incessance d'une réponse collective ?

De façon exploratoire, nous proposons d'approfondir ce questionnement en faisant valoir le *quotidien* comme moyen sinon de domestiquer, du moins d'*accompagner* cette incessance du mouvement. Le quotidien semble en effet porteur d'une épaisseur ou encore d'une énigme[1] directement en prise avec l'idée, ici développée, de réponse collective.

Tout d'abord, si « le quotidien échappe »[2], c'est parce qu'il ne relève ni d'une *substance* – quelle substance pourrait donc porter ou constituer le quotidien *comme tel* ? –, ni d'une *situation* ou d'une *action* située : le quotidien ne désigne-t-il pas justement ce qui se refuse à toute situation[3] ou à toute enquête, ou encore : ce qui ne saurait être de l'ordre d'une œuvre (collective) ? On ne confondra donc pas le quotidien comme tel avec une substance – potentiellement *familière* – ou une *action* située – éventuellement *ordinaire*. Penser le quotidien nous conduit donc bien du côté de la figure du mouvement – et nous rapproche, de surcroît, de la réponse *collective* que nous nous attachons à thématiser depuis cette figure : le quotidien n'est-il pas en effet tout particulièrement de nature à être partagé collectivement ? Plus encore : ne peut-il contribuer directement à l'institution même du collectif ?

Si le quotidien recèle une énigme, c'est aussi parce qu'il désigne, selon Bruce Bégout, un *processus masqué*. La *phénoménologie du quotidien* proposée par Bégout s'attache à dévoiler ce processus de *quotidianisation*, qui

1. « Le quotidien : ce qu'il y a de plus difficile à découvrir » (Blanchot, 2004, p. 355).
2. *Ibid.*, p. 359.
3. « Ce qu'est le quotidien est partout et nulle part » (Bégout, 2005, p. 36).

constitue et produit les évidences banales, elles immédiatement visibles, de la vie quotidienne. Plus essentiellement, la thèse centrale de Bégout est la suivante : le déploiement de ce processus de quotidianisation vise à domestiquer, autant que possible, une *puissance* étrangère et inquiétante, celle qui s'atteste dans « l'*épreuve originelle du monde* »[1]. Il n'est pas question ici d'expliciter cette phénoménologie, ni les affinités – et les tensions – qui peuvent caractériser ses rapports avec la philosophie du mouvement. Simplement pouvons-nous relever qu'elle considère le quotidien (ou le processus qui le définit essentiellement) comme la manière de contrecarrer ou du moins d'accompagner une puissance ou une épreuve « originelle » que nous rapprocherions volontiers de celle du mouvement. Rapprochement légitime si l'on considère que le processus de quotidianisation décrit par Bégout, loin de procéder d'une « constitution subjective », relève d'« une construction anonyme et *collective* »[2] – et reste, de surcroît, *toujours potentiellement débordé* par cette épreuve (ou par l'étrangeté du monde). Finalement, dans cette perspective, il semble légitime de soutenir que la *réponse collective au et dans le mouvement* est une réponse quotidienne ou, plus exactement, une réponse qui *s'attache à quotidianiser, autant que possible, le mouvement*.

1. Bégout, 2005, p. 284. Nous soulignons.
2. *Ibid.*, p. 267. Nous soulignons.

Dans quelle mesure ce type de réponse peut-il engager l'ingénieur contemporain ? Nous nous contente-
rons ici de mentionner la démarche préconisée par
Zarifian dans certains sites de production, agités par
ces *événements* que constituent des pannes de machine[1].
Cette démarche repose sur la mise en place de *travaux
colleɛtifs quotidiens.* Réunissant chaque matin, pendant
trente minutes, des opérateurs et des experts (ingénieurs) en maintenance, ces travaux sont consacrés à
l'analyse des événements (pannes) de la veille. Zarifian
marque l'importance aussi bien de la fréquence – quotidienne – de ces travaux que de leur dimension
colleɛtive – et souligne combien cette démarche ou,
dirions-nous, cette réponse collective, *vigilante* et quotidienne, permet aux aɛteurs de se *préparer* aux futures
pannes (même complexes).

3. Répondre – L'ingénieur contemporain
et le philosophe

1. *Répondre au et dans le mouvement* : cette posture
engageant l'ingénieur contemporain concerne-t-elle
aussi le philosophe ? Il est en tous les cas légitime de
rapprocher ces deux aɛteurs touchant deux gestes dé-
terminants.

1. Cf. Zarifian, 2000.

En premier lieu, tout comme l'ingénieur, le philosophe a essentiellement affaire à l'*hétérogène*. Qu'il nous suffise ici de rappeler les résultats principaux des analyses du *philosopher comme tel* proposées par Derrida et Laruelle[1]. Elles marquent combien le philosopher repose sur *l'articulation de termes contraires* (par exemple, l'articulation du sensible et de l'intelligible chez Platon, de l'ego et de Dieu chez Descartes ou encore de l'événement et de l'être chez Badiou). Articuler des termes contraires ou encore : *concilier des dimensions hétérogènes* : voilà donc un geste qui détermine aussi bien le philosopher comme tel que la conception de l'ingénieur, même si, bien entendu, les contradictions traitées par le philosophe ne sont pas celles que rencontre l'ingénieur (le philosophe n'ayant pas *a priori* à concilier des logiques *techniques*, *économiques* et *sociales*).

Plus encore, ce traitement de l'hétérogène inclut, chez le philosophe comme chez l'ingénieur, un rapport *actif* aux sciences. En effet, de la même façon que l'histoire de l'ingénierie peut probablement être lue du point de vue des sciences que les ingénieurs (ou leur formation) privilégient, l'histoire de la philosophie peut probablement être étudiée sous l'angle de ses *usages* des sciences (on pourrait examiner, par exemple, combien les philosophies contemporaines du mouvement de Badiou, Deleuze, Bergson et Simondon s'appuient

1. Cf. Derrida, 1992 ; Laruelle, 1996.

significativement sur, respectivement, la théorie des ensembles, la physique contemporaine, la biologie et la thermodynamique). Ainsi les sciences constituent-elles sans doute une *condition* aussi bien du philosopher que de l'ingénierie[1].

À nouveau, on se gardera d'exagérer ce rapprochement. Dans son travail de conception – en particulier lorsqu'il porte sur un *système* d'une certaine complexité –, l'ingénieur *bricole* diverses dimensions scientifiques ou une *multiplicité* de « fragments hétérogènes des savoirs scientifiques »[2]. Il est probable que le philosophe, lui, soit en général davantage conduit à privilégier *un* type de contenu scientifique spécifique, jugé particulièrement exemplaire du point de vue de la rationalité, ou du Réel, *authentique* qu'il recherche[3].

Le second point de rapprochement concerne spécifiquement l'ingénieur *contemporain* et l'épreuve du mouvement qu'il peut subir. En effet, de notre point

1. Nous nous inspirons ici du concept de *condition* proposé par Badiou (1992) : il désigne une discipline (ou un régime de pratique, comme l'art ou la politique) sur laquelle la philosophie (ou l'ingénierie) s'appuie significativement, mais dont, en dernier ressort, elle rend compte (ou dont elle s'affranchit).
2. Schmid, 1998, p. 52.
3. Ainsi que Derrida et Laruelle l'ont montré, philosopher consiste essentiellement à *hiérarchiser* : à séparer, et à articuler, le réel inauthentique et le Réel *authentique* (les termes contraires articulés par le philosophe étant dès lors nécessairement hiérarchisés). Ce geste conduit aussi, finalement, à hiérarchiser la philosophie (privilégiée) et la science, celle-ci désignant une *condition* ou un tremplin vers le Réel authentique (appréhendé par le seul philosophe).

de vue, *philosopher comme tel suppose* également *une épreuve* : un débordement du sujet comme tel ou encore de *l'humain comme tel*. Problématiser en philosophie (du moins depuis Descartes), c'est ainsi, selon nous, penser – ou concilier les contraires – au point même où l'humain comme tel est débordé ; c'est chercher en étant habité ou investi par ce qui irréductiblement nous déborde. Bien entendu, une telle affirmation – selon laquelle philosopher signifie *répondre* à une épreuve in-humaine[1] – mériterait une justification rigoureuse. Celle-ci nous conduirait, sur la base de la recherche de plusieurs contemporains (Heidegger, Merleau-Ponty, Deleuze, Meyer), à marquer combien, en philosophie, le sujet (ou l'homme) peut désigner une *solution* masquant la problématisation authentique[2]. Elle nous conduirait, aussi, à montrer combien les réponses établies par la philosophie française contemporaine – réponse au mouvement *im*-personnel ou à l'Autre *ex*-personnel[3] – s'inscrivent dans l'histoire de la philosophie. Sans doute l'épreuve de l'Autre pourrait-elle être ainsi rattachée à

1. Précisons qu'à nos yeux, la tradition philosophique fait valoir *à la fois* de telles épreuves *et*, dans une optique *a priori* contraire, de singuliers *rapports à soi* (pratique de soi, connaissance de soi, expérience de soi).
2. Mentionnons toutefois que Francis Jacques, lui, préserve – via l'idée d'*inter-rogation* (qui relève probablement de la figure de la situation) – un lien significatif entre le questionnement comme tel et le primat du sujet (celui-ci étant intégré dans *une situation inter-subjective*). Cf. Jacques, 2002.
3. Cf. Choplin, 2007.

Heidegger (l'Autre comme être) et à Kant (l'Autre comme noumène) et celle du mouvement à Nietzsche, Hegel et Spinoza (trois philosophes de la *puissance*).

Problématiser au « lieu » même d'un débordement du sujet comme tel ou encore répondre à une épreuve : voilà donc un geste opéré aussi bien par le philosophe que par l'ingénieur *contemporain*.

2. Si, comme le philosophe, l'ingénieur contemporain non seulement *concilie les contraires* – selon un geste intégrant significativement des ingrédients scientifiques – mais *répond à une épreuve* – ou à une dimension non personnelle –, peut-il également transformer l'espace de la problématisation ? Car on peut probablement considérer que la réponse d'un philosophe conduit, elle, à *transformer la pensée*[1] : à l'ouvrir à de nouveaux possibles. Sans doute cette ouverture pourrait-elle être rapprochée d'un geste d'*innovation* inaugurant un *nouvel espace de conception*, issu en particulier d'un renouvellement de la *valeur d'usage* du dispositif conçu[2]. Plus encore : il est probablement possible de proposer, touchant l'innovation (et la philosophie), une analyse du

1. « C'est vrai que nous n'imaginons pas un grand philosophe dont on ne doive dire : il a changé ce que signifie penser, il a "pensé autrement" » (Deleuze et Guattari, 1991, p. 52).
2. Cf. Le Masson et al., 2006. De ce point de vue, la problématisation – innovante – de l'ingénieur engage moins la construction de choix comme telle que l'élaboration d'un nouvel espace de conception, dans lequel pourront – ensuite – se formuler de nouveaux (types de) choix.

même ordre que celle proposée par Kuhn touchant les *révolutions scientifiques*. « C'est surtout, me semble-t-il, *dans les périodes de crise patente que les scientifiques se tournent vers l'analyse philosophique* […] en fait, la science normale tient généralement la philosophie à distance respectueuse, probablement avec de bonnes raisons[1]. » Kuhn distingue ainsi deux moments hétérogènes dans l'activité scientifique, auxquels il rattache deux rôles bien différents susceptibles d'être endossés par la philosophie :

– le moment de la science *normale*, lorsque l'activité scientifique est régie par un *paradigme*, moment où la philosophie se doit probablement d'être écartée (elle ne peut jouer alors, sans doute, qu'un rôle *hiérarchique* de légitimation ou bien de critique de la science)

– et le moment de la *révolution* (ou de la crise) scientifique, où, au contraire, « l'analyse philosophique » peut s'avérer précieuse pour répondre au mouvement révolutionnaire et reconfigurer le paradigme gouvernant la manière même de penser scientifique[2].

1. Kuhn, 1983, p. 128. Nous soulignons.
2. Après tout, n'est-ce pas ce second rôle que la philosophie du mouvement a tenu dans cet ouvrage, en contribuant, avec certains travaux sociologiques, à la constitution de la figure du mouvement (nous ne revenons pas ici sur la différence entre une figure de pensée et un paradigme) ? Ajoutons qu'elle y a aussi tenu le premier rôle, notamment lorsqu'elle s'est attachée – dans un geste de hiérarchisation typique – à critiquer les limites des *sciences de l'homme* relativement à l'appréhension du mouvement.

Nous proposerions volontiers, en ce sens, de comparer la révolution scientifique et l'*innovation*. La philosophie ne peut-elle en effet contribuer significativement à la constitution de *nouvelles valeurs d'usage* des dispositifs techniques ? Renouveler, dans le mouvement de l'innovation, la valeur d'usage d'un dispositif – et l'espace de sa problématisation ou de sa conception –, n'est-ce pas là un geste qui requiert singulièrement la philosophie et sa capacité à transformer les manières de penser ou à promouvoir de nouveaux points de vue ?

INNOVATION ET PHILOSOPHIE : DEUX EXEMPLES

Ces deux exemples d'innovation concernent la téléphonie mobile et le multimédia pédagogique. Le Masson et al. (2006) décrivent l'élaboration d'une nouvelle valeur d'usage du téléphone portable : celui-ci devient alors un dispositif non plus seulement de *transmission* de données (ancienne valeur) mais d'*action à distance* (nouvelle valeur). Second exemple : l'innovation, ici pédagogique, consiste à considérer l'image du multimédia non plus comme une simple *illustration* du texte écrit ou oral (rôle qu'elle joue traditionnellement en éducation) mais bien comme une composante authentique de l'*écriture* pédagogique. Ces deux innovations ne résonnent-elles pas singulièrement avec ces deux transformations contemporaines de la pensée qu'ont engagées, sur le plan philosophique, le pragmatisme (primat de l'action) et la déconstruction derridienne (primat de l'écriture) ?

Tout comme la réponse révolutionnaire en science, la réponse collective[1] *innovante* – au et dans le mouvement – semble bien ainsi comporter une authentique dimension philosophique. L'ingénieur contemporain serait-il un *innovateur-philosophe* ?

---

1. Une différence d'importance entre l'ingénieur et le philosophe doit ici être marquée : il paraît en effet *a priori* difficile de soutenir qu'en philosophie, la problématisation est collective – ou institue un collectif – comme celle qui se déploie dans l'innovation. Quel collectif instituerait donc la réponse philosophique ?

De l'ingénieur contemporain
à la recherche ouverte

1. S*UBSTANCE*, *situation*, *mouvement* : cet ouvrage s'est attaché à distinguer ces trois manières de penser – ces trois *figures de pensée* – et, tout particulièrement, à faire valoir la figure du mouvement. Ce travail a rendu possible la caractérisation *épistémologique* de la spécificité de l'ingénieur et de l'ingénieur *contemporain*.

D'une part, munis de la figure de la *situation*, nous avons pu qualifier l'*enquête* dont procède la *conception de dispositifs techniques* opérée par l'ingénieur (que ces dispositifs désignent des fortifications, des voitures ou des logiciels). Enquêter *en* situation signifie, pour celui-ci, *construire des choix*, *bricoler l'hétérogène*, *modéliser* (cf. chapitre 1). D'autre part, la figure du *mouvement* a permis de reconnaître combien cet enquêter de l'ingénieur ne saurait être à la hauteur des *événements*, des *agencements* et des *devenirs* – imprévisibles, incessants, non localisables, impersonnels – qui agitent les organisations *contemporaines* (ainsi que l'ont suggéré les trois cas étudiés dans cet ouvrage) (cf. chapitre 2). Surmonter, autant que possible, ces *épreuves* du mouvement exige, selon nous, de l'ingénieur *contemporain* qu'il participe à des *réponses collectives au et dans* le mouvement. À la fois *vigilantes* et *innovantes*, peut-être portées, de surcroît, par une exigence de *quotidianiser* le mouvement, ces réponses semblent requises, au moins dans une certaine mesure, par les méthodes et pratiques *agiles* qui se développent aujourd'hui (cf. chapitre 3). Jusqu'à quel point nos institutions de formation d'ingénieur sont-elles en mesure de préparer à une cette *agilité collective* ?

Cette recherche confirme l'irréductibilité de l'ingénieur au *scientifique* (serait-il appliqué). Elle tend de surcroît à rapprocher les postures de l'ingénieur contemporain et du *philosophe*, en particulier touchant l'exigence d'une réponse – à une épreuve – *renouvelant l'espace des possibles*, l'*innovation* désignant, précisément, le renouvellement de l'espace de conception. L'agilité collective, exigée par les organisations contemporaines, requerrait-elle un *innovateur-philosophe* ?

2. *Ouvrir la pensée* : cet ouvrage était également animé par cette exigence de type philosophique (exigence en soi détachée de la question de l'ingénieur). De ce point de vue, comment évaluer, finalement, l'élaboration de la figure du mouvement ? Comment donc considérer l'ouverture que cette figure de pensée rend possible ?

On pourra estimer, tout d'abord, que cette figure – qui ne saurait se rabattre sur celle de la *situation*, très présente dans la recherche contemporaine, en philosophie et en sciences de l'homme – désigne un *programme spécifique de recherche, sans doute transdisciplinaire*. Ce programme procède, en tous les cas, de la conjugaison d'analyses philosophiques et sociologiques, conjugaison qui a en effet été sollicitée dans cet ouvrage aussi bien pour constituer cette figure – et dégager les trois dimensions (événement, agencement, devenir) qui la définissent – que pour en amorcer le déploiement. Les concepts ainsi proposés d'*épreuve* ou de *réponse collective* nous semblent de nature à valoir, dans l'avenir, aussi bien d'un point de vue philosophique (l'idée de réponse collective pourrait-elle légitimer l'élaboration, peut-être inédite, d'une philosophie du collectif ?) que sur le plan d'une sociologie renouvelée selon les spécificités de la figure du mouvement (dans la lignée des sociologies de Latour et de Zarifian). Au-delà, cette figure rend probablement possible l'étude, également renouvelée, de dynamiques agitées non envisagées dans cet ouvrage ou relevant d'autres disciplines (par exemple, l'étude des révolutions en histoire).

Déployer le programme de recherche attaché à la figure du mouvement : telle serait donc *la* priorité. Plus encore : il s'agirait de combiner les apports spécifiques de cette figure et ceux des deux autres figures de pensée – *a priori* complémentaires – que sont la situation et la substance. Il serait en particulier nécessaire de conjuguer davantage les deux études conduites dans cet ouvrage touchant l'ingénieur (figure de la situation) et l'ingénieur spécifiquement *contemporain* (figure du mouvement). L'objectif serait alors d'articuler l'enquête en situation de l'ingénieur et la réponse au et dans le mouvement. Dans quelle mesure les trois dimensions constitutives, selon nous, de cette *enquête* – la construction de choix, le bricolage de l'hétérogène, la modélisation – peuvent-elles venir enrichir le concept de *réponse collective*, proposé pour qualifier l'ingénieur contemporain ?

3. Mais une seconde analyse est possible. Alors même que rien de ce qui a été étudié dans ce livre – touchant l'ingénieur (contemporain ou non), le scientifique (révolutionnaire ou non) ou bien le philosophe – ne semble devoir excéder l'espace couvert par les trois figures de pensée identifiées, nous estimons néanmoins que celles-ci font signe, finalement, vers une autre pensée,

soustraite à cet espace même : la *recherche ouverte*. Il n'est pas question ici de déployer cette recherche ; simplement, pouvons-nous en suggérer la nécessité – et la possibilité.

Un point nous frappe : quelle que soit la figure mobilisée pour la comprendre, la problématisation semble toujours devoir être *surmontée* ou *relevée*, par une solution ou par une réponse. Autrement dit, ces trois figures, quand elles se déploient sur la question de la problématisation, paraissent bien restreindre ou *contenir* celle-ci, même si chacune d'entre elles le fait plus ou moins et à sa manière. Selon la figure de la substance, la problématisation comme telle – dont la consistance peut parfois être reconnue (comme chez Popper) – importe moins, probablement, que la *résolution* du problème. La figure de la situation, telle qu'elle s'incarne en particulier chez Dewey, insiste, elle, davantage sur la construction du problème au cœur de l'*enquêter*, Dewey suggérant même parfois que cette construction *en* situation peut suffire à la résolution de l'enquête. Mais il demeure que cette construction n'a de sens que parce qu'elle nourrit cette résolution et rend possible la fin de l'enquête. De ce point de vue, la figure du mouvement – et le régime du *répondre* qu'elle convoque – paraissent plus ouverts encore. Car, comme nous y avons insisté, jamais les réponses élaborées (aussi nécessaires et pertinentes soient-elles) ne sont à la hauteur du mouvement. Ainsi que le souligne Deleuze, toujours *le* problématique *insiste* derrière ces réponses[1], dès lors irréductiblement inadéquates, toujours replongées *dans* le mouvement. Doit-on alors estimer que la figure du mouvement conduit à son terme la reconnaissance de la problématisation comme telle ? Nous ne le pensons pas. Ne faut-il pas bien plutôt considérer, en effet, qu'en faisant valoir ainsi une *réponse toujours inadéquate* (le problème devant être incessamment reconstruit), la figure du mouvement engage une manière, ultime peut-être, de préserver cette exigence – cette exigence constitutive, pensons-nous, de *la* philosophie – : *surmonter la problématisation* par une réponse (ou une solution) ? Bien sûr, la réponse demeure inadéquate, mais cette inadéquation même désigne précisément le mode sous lequel est préservée l'exigence de réponse : l'exigence de combler le débordement (irréductible) du mouvement. *Le primat de cette exigence de réponse*, il semble bien s'attester au niveau de l'ingénieur contemporain pris dans le mouvement. Répondre – à cela même qui ne cesse de le déborder –, c'est en effet, peut-être, ce qui définit la *respons*-abilité même d'un ingénieur ou d'un chef de projet contemporain (ainsi qu'en témoigne l'exemple du chef de projet de développement logiciel dans le cas étudié de DC). Ce primat, il semble bien s'attester également dans la philosophie française

1. Cf. Deleuze, 2005, p. 67-73.

contemporaine – qu'elle mette au premier plan le mouvement ou bien le motif de l'Autre –, par exemple, chez Deleuze, pour qui les *concepts* constituent précisément les *réponses* philosophiques aux problèmes suscités par le mouvement[1].

Aussi hétérogènes soient-elles, ces trois figures ont donc en commun de chercher à relever la problématisation par, pourrions-nous dire, un *résultat* (substance), une *solution* (situation) ou une *réponse* (mouvement) – comme s'il était impossible de penser la problématisation sans l'inscrire dans un couple du type question/réponse, sans avoir déjà en vue sa relève (par un résultat, une solution ou une réponse)[2]. Mais la problématisation, toujours malgré tout subordonnée à ce qui vient la surmonter, ne risque-t-elle pas dès lors de demeurer entravée ? Penser ou chercher, cela signifie-t-il donc *nécessairement* résoudre, enquêter ou répondre[3] ?

À vrai dire, nous ne voyons pas comment il serait possible de justifier cette nécessité, c'est-à-dire

---

1. Cf. Deleuze et Guattari, 1991, p. 31, 78-79.
2. Même la problématologie de Meyer, qui s'attache à marquer l'hétérogénéité des questions et des réponses (se refusant à rabattre celles-là sur celles-ci), préserve – par là même – leur couple.
3. Nous ne considérons ici que le mode de pensée (ou de problématisation) qui est pris pour *objet* – notamment à travers la question de la problématisation de l'ingénieur – par les trois figures (nous n'envisageons pas le mode de pensée que le déploiement même de chacune de ces figures *de* pensée fait valoir, quel que soit son objet).

l'exclusivité de ces trois modes de problématisation, aussi consistants soient-ils par ailleurs. Dès lors, il paraît bien légitime de s'attacher à déployer une recherche ou une problématisation libérée de toute exigence de relève (par un résultat, une solution ou une réponse). Mais une telle recherche – qui ne saurait procéder encore de la philosophie, qui ne saurait, non plus, être thématisée selon les trois figures de la substance, de la situation ou du mouvement –, une telle recherche, donc, est-elle possible ? Oui, à une condition principale : la rapporter à une dimension, qui l'affranchisse – aussi étonnant que cela puisse paraître – de devoir enquêter ou répondre. La pensée est alors, selon nous, non plus *embarquée* en situation ou *emportée* par le mouvement, mais *enveloppée* dans un *milieu immobile*. *Milieu immobile* : il est remarquable que plusieurs philosophes du mouvement fassent signe vers cette dimension. Que l'on songe à la manière dont Deleuze associe étroitement les idées de *devenir* et de *milieu*, ou bien encore au *milieu ambiant* que Jullien rattache au *procès* (ou au mouvement), tel qu'il est mis au premier plan par la pensée chinoise[1]. Comme si *à même la figure du mouvement* s'indiquait un milieu susceptible de se soustraire à cette figure, comme si, autrement dit, à même cette figure s'annonçait *une autre dimension*, délocalisée

1. Cf. Deleuze et Guattari, 1991, p. 38-39, 92 ; Jullien, 1996, p. 139.

comme le mouvement[1] mais *dépourvue de la puissance de celui-ci*. Peut-être ce milieu revêt-il une *profondeur* affranchie des trois dimensions mouvementées identifiées : la hauteur (événement), la largeur (agencement) et la longueur (devenir). Chercher *en* profondeur – enveloppé dans un milieu immobile, *trop impuissant pour encore susciter enquête ou appeler réponse* – : serait-ce donc cela la manière de libérer ou d'*ouvrir* la problématisation ?

Conjuguer ainsi la mise au premier plan d'un milieu *trans*-personnel profond – ou *sauvage* – et l'exigence d'une recherche sans réponse – comme *interrogation continuée* –, c'est bien en tous les cas une voie qu'indique la dernière philosophie de Merleau-Ponty[2]. La référence à celle-ci paraît d'autant plus significative qu'elle fait valoir le régime de l'*art* (particulièrement de la peinture) plutôt que celui de la science ou de l'ingénierie[3]. Ce milieu profond ou immobile engagerait-il plus l'art que ces dernières – ou bien même que la philosophie ? Il est remarquable que cette voie s'amorce également

---

1. Délocalisée et donc, de notre point de vue, nécessairement non subjective : *trans*-personnelle, comme nous pourrions le dire dans la lignée du concept de trans-individuel de Simondon.

2. Cf. Merleau-Ponty, 2004.

3. On ajoutera que l'étude de Merleau-Ponty – dont la philosophie met au premier plan l'engagement *en situation* – pourrait montrer combien l'*enveloppement* de la recherche ouverte conjugue, à sa façon, cette inscription *en* situation (également portée par l'idée même de *milieu*) et la *non-localisation* d'un milieu transpersonnel.

explicitement chez ce penseur de la « question la plus profonde »[1] – celle que pose le *milieu du neutre* – qu'est Blanchot. « Le poème est l'absence de réponse. Le poète est celui qui [...] maintient en son œuvre la question ouverte[2]. »

4. Voilà donc peut-être, dans la lignée d'un certain type de recherche artistique, une manière – non pas d'accomplir ou de refonder mais – d'ouvrir la pensée au-delà de la figure du mouvement, ici forgée pour qualifier l'ingénieur contemporain. Mais cette ouverture ne serait pas possible si nous n'avions pas établi, au préalable, ces figures contemporaines – du mouvement ainsi que de la situation – qui à la fois renouvellent l'espace de la pensée et lui dessinent de nouvelles limites.

1. Cf. Blanchot, 2004, p. 12.
2. Cf. Blanchot, 1999, p. 332. Ajoutons que Blanchot désigne explicite-ment un *enveloppement* (dans un milieu profond). Cf. Blanchot, 2007.

Bibliographie

L'ingénieur et les organisations contemporaines

Alter N. (2000), *L'Innovation ordinaire*, Paris, Puf.

Auray N., Vincente M. (2006), « Engagement dans le logiciel libre comme réaction au moment intégré. Étude longitudinale de l'engagement dans les projets Debian et OpenBSD », in *Le Logiciel libre en tant que modèle d'innovation sociotechnique : pratiques de développement de coopération dans les communautés*, Congrès de l'Acfas, Université Mc Gill, Montréal.

Bachimont B. (2010), *Le Sens de la technique : le numérique et le calcul*, Paris, « encre marine », Les Belles Lettres.

Bouffartigue P., Gadéa C. (1997), « Les ingénieurs français. Spécificités nationales et dynamiques récentes d'un groupe professionnel », in *Revue française de sociologie*, 38-2 (« L'économie du politique »), p. 301-326.

Bouleau N. (1999), *Philosophies des mathématiques et de la modélisation. Du chercheur à l'ingénieur*, Paris, l'Harmattan.

Choplin H., Crozat S., Bachimont B., Cailleau I. (2006), « L'ingénierie ou le bricolage de l'hétérogène », in *Cahiers pédagogiques*, n° 443, p. 19-20.

Choplin H., Huet F., Cailleau I., Soulier E., Bachimont B., Clavier C. (2011), « La modélisation au cœur des épreuves contemporaines de l'ingénieur ? », in *Modélisation et activités des ingénieurs*, Bot L. et Vitali M.L. (dir.), Paris, l'Harmattan, p. 97-121.

Culture technique (« Les ingénieurs ») (1984), n° 12/mars 1984.

de Terssac G. et Friedberg E. (dir.) (2002), *Coopération et conception* (1996), Toulouse, Octarès éditions.

Kaufmann L. et Trom D. (dir.) (2010), *Qu'est-ce qu'un collectif ? Du commun à la politique*, Paris, éditions EHESS.

Latour B. (1992), *Aramis ou l'amour des techniques*, Paris, La Découverte.

Latour B. (2006), *Petites leçons de sociologie des sciences* (1993), Paris, La Découverte/Poche.

Le Masson P., Weil. B., Hatchuel A. (2006), *Les Processus d'innovation. Conception innovante et croissance des entreprises*, Paris, Hermès, Lavoisier.

Messager-Rota V. (2007), *Gestion de projet : vers les méthodes agiles*, Paris, Eyrolles.

Odin F. et Thuderoz C. (dir.) (2010), *Des mondes bricolés ? Arts et sciences à l'épreuve de la notion de bricolage*, Lausanne, Presses polytechniques et universitaires romandes.

Perrin J. (dir.) (2001), *Conception entre science et art. Regards multiples sur la conception*, Lausanne, Presses polytechniques et universitaires romandes.

Picon A. (1992), *L'Invention de l'ingénieur moderne – L'École des Ponts et Chaussées, 1747-1851*, Paris, Presses de l'école nationale des Ponts et Chaussées.

Picon A. (dir.) (1997), *L'Art de l'ingénieur – constructeur, entrepreneur, inventeur*, Paris, centre Georges Pompidou, Le Moniteur, 1997.

Picon A. et Yvon M. (1989), *L'Ingénieur artiste*, Paris, Presses de l'école nationale des Ponts et Chaussées.

Segrestin D. (2004), *Les Chantiers du manager*, Paris, A. Colin.

Shinn T. (1978), « Des corps de l'État au secteur industriel : genèse de la profession d'ingénieur, 1750-1920 », in *Revue française de sociologie*, 19-1, p. 39-71.

Soulier E. (2009), *Storytelling, Plateformes Sociales et Ontologies de Processus pour la simulation du Mouvement*, Habilitation à Diriger des Recherches en informatique à l'Université de Technologie de Compiègne, décembre 2009.

Vérin H. (1993), *La Gloire des ingénieurs. L'intelligence technique du XVI\`e au XVIII\`e siècle,* Paris, Albin Michel.

Vinck D. (dir.) (1999), *Ingénieurs au quotidien. Ethnographie de l'activité de conception et d'innovation*, Grenoble, Pug.

Wilson K., Doz Y.L. (2011), « Agile Innovation : A Footprint Balancing Distance and Immersion », in *California Management Review*, University of California Berkeley, vol. 53 n°2, winter 2011, p. 6-26.

Zacklad M. (2004), « Transactions communicationnelles symboliques et communauté d'action : réflexions préliminaires », in *Connaissance, Organisation, Activité*, Colloque de Cerisy, (http://hal.inria.fr/docs/00/06/24/40/PDF/sic_00001122.pdf ; dernière consultation : 12/12/2011).

Zarifian P. (1995), *Le Travail et l'événement*, Paris, l'Harmattan.

Zarifian P. (2000), « L'organisation apprenante » (http://philippe.zarifian.pagesperso-orange.fr/page21.htm ; dernière consultation : 25/07/2011).

Zarifian P. (2004), *Le Modèle de la compétence* (2\`e édition actualisée), Rueil-Malmaison, Liaisons.

Zarifian P. (2008), « Puissance et communauté d'action (à partir de Spinoza) », in *Spinoza et les sciences sociales. De la puissance de la multitude à l'économie des affects*, Citton Y. et Lordon F. (dir.), Paris, Éditions Amsterdam, p. 277-303.

Zarifian P. (2011), « Le contrôle du travail : de la vérification de la conformité des opérations au blocage des initiatives », in *Réalités industrielles*, février 2011, Eska, p. 22-26.

Aubenque P. (2004), *La Prudence chez Aristote* (1963), Paris, PUF.

Badiou A. (1988), *L'Être et l'événement*, Paris, Seuil.

Badiou A. (1992), *Conditions*, Paris, Seuil.

Badiou A. (1997), *Saint-Paul. La fondation de l'universalisme*, Paris, PUF.

Bégout B. (2005), *La Découverte du quotidien*, Paris, Allia.

Bergson H. (2003), *L'Évolution créatrice* (1907), Paris, PUF.

Bergson H. (2005), *La Pensée et le mouvant* (1938), Paris, PUF.

Blanchot M. (1999), *L'Espace littéraire* (1955), Paris, Gallimard.

Blanchot M. (2004), *L'Entretien infini* (1969), Paris, Gallimard.

Blanchot M. (2007), *Le Dernier homme* (1957), Paris, Gallimard.

Choplin H. (2007), *L'Espace de la pensée française contemporaine. À partir de Levinas et Laruelle*, Paris, l'Harmattan.

Deleuze G. (2004), *Le Bergsonisme* (1966), Paris, PUF.

Deleuze G. (2005), *Logique du sens* (1969), Paris, Minuit.

Deleuze G. et Guattari F. (1991), *Qu'est-ce que la philosophie ?*, Paris, Minuit.

Deleuze G. et Parnet C. (1996), *Dialogues* (1977), Paris, Flammarion.

Derrida J. (1992), *De la grammatologie* (1967), Paris, Minuit.

Dewey J. (1993), *La Théorie de l'enquête* (1938), prés. et trad. par G. Deledalle, Paris, PUF.

Fabre M. (2009), *Philosophie et pédagogie du problème*, Paris, Vrin.

Foucault M. (2003), *Les Mots et les choses. Une archéologie des sciences humaines* (1966), Paris, Gallimard.

Jacques F. (2002), *De la textualité. Pour une textologie générale et comparée*, Paris, Librairie d'Amérique et d'Orient.

Jullien F. (2004), *Traité de l'efficacité* (1996), Paris, Le livre de poche, Grasset.

Laruelle F. (1996), *Principes de la non-philosophie*, Paris, PUF.

Levinas E. (1992), *Totalité et Infini. Essai sur l'extériorité* (1961), Paris, Le livre de poche.

Lévi-Strauss C. (2010), *La Pensée sauvage* (1962), Paris, Pocket.

Merleau-Ponty M. (2004), *Le Visible et l'Invisible* (1964), Paris, Gallimard.

Meyer M. (1986), *De la problématologie. Philosophie, science et langage*, Bruxelles, Mardaga.

Nancy J.-L. (2001), *La Communauté affrontée*, Paris, Galilée.

Sebbah F.-D. (2010), *Qu'est-ce que la « technoscience » ? une thèse épistémologique ou la fille du diable ?*, Paris, « encre marine », Les Belles Lettres.

Simondon G. (2005), *L'Individuation à la lumière des notions de forme et d'information*, Grenoble, Millon.

Steiner P. (2008), « Délocaliser les phénomènes mentaux : la philosophie de l'esprit de Dewey », in *Revue Internationale de Philosophie*, 62, 245, p. 273-292.

ÉPISTÉMOLOGIE

Bot L. (2011), « Le tournant de la modélisation dans les sciences du vingtième siècle », in *Modélisation et activités des ingénieurs*, Bot L. et Vitali M.L. (dir.), Paris, l'Harmattan, p. 289-296.

Chalmers A.F. (2006), *Qu'est-ce que la science ? Popper, Kuhn, Lakatos, Feyerabend* (1982), Paris, Le livre de poche.

Kuhn T.S. (1983), *La Structure des révolutions scientifiques* (1970), Paris, Flammarion.

Lakatos I. (1994), *Histoire et méthodologie des sciences*, introd. et trad. (sous la dir.) de L. Giard, Paris, PUF.

Legay J.M. et Schmid A.F. (2004), *Philosophie de l'interdisciplinarité. Correspondance (1999-2004) sur la recherche scientifique, la modélisation et les objets complexes*, Paris, Pétra.

Nadeau R. (1999), *Vocabulaire technique et analytique de l'épistémologie*, Paris, PUF.

Popper K. (1997), *Toute vie est résolution de problème. Questions autour de la connaissance de la nature*, trad. C. Duverney, Arles, Actes sud.

Popper K. (1998), *La Connaissance objective* (1979), trad. et préf. par J.-J. Rosat, Paris, Flammarion.

Schmid A.F. (1998), *L'Âge de l'épistémologie. Science, ingénierie, éthique*, Paris, Kimé.

Varenne F. (2006), *Les Notions de métaphore et d'analogie dans les épistémologies des modèles et des simulations*, Paris, Pétra.

Du même auteur

De la phénoménologie à la non-philosophie. Levinas et Laruelle,
   Paris, Kimé, 1997
La Non-philosophie de François Laruelle, Paris, Kimé, 2000
*L'Espace de la pensée française contemporaine. À partir de Levi-
   nas et Laruelle*, Paris, l'Harmattan, 2007

Achevé d'imprimer en mars 2013
sur les presses de l'imprimerie Chirat
(42540 St-Just-la-Pendue),
pour le compte des Éditions les Belles Lettres,
collection « encre marine »
selon une maquette fournie par leurs soins.
Dépôt légal : mars 2013
N° : 201302.0029
ISBN : 978-2-35088-065-5

catalogue disponible sur :
http : //www.encre-marine.com